D1492758

Julio Iglesias
Entre el cielo y el infierno

Documento/52

Julio Iglesias
Entre el cielo y el infierno

Planeta

COLECCIÓN DOCUMENTO
Dirección: Rafael Borràs Betriu
Consejo de Redacción: María Teresa Arbó,
Marcel Plans, Carlos Pujol y Xavier Vilaró

© Julio Iglesias, 1981
Editorial Planeta, S. A., Córcega, 273-277,
Barcelona-8 (España)
Edición al cuidado de María Teresa Arbó
Diseño colección y cubierta de Hans Rom-
berg (fotos Autor y realización de Jordi
Royo)

Procedencia de las ilustraciones: Agencia
Efe, Sygma-París y Autor

Primera edición: mayo de 1981
Segunda edición: mayo de 1981
Tercera edición: junio de 1981
Cuarta edición: junio de 1981
Quinta edición: julio de 1981
Depósito legal: B. 25499 - 1981
ISBN 84-320-3592-0
Printed in Spain - Impreso en España
Talleres Gráficos «Duplex, S. A.»,
Ciudad de la Asunción, 26-D, Barcelona-30

Índice

Índice

La gente prefiere siempre al perdedor.

J. I.

A los que me quieren,
para que me conozcan.
Y a los que no me quieren,
para que no me odien.

EL NIÑO QUE NO SE PUDO LLAMAR JULIO CÉSAR

El veintitrés de septiembre de 1944, Rosario de la Cueva trajo un niño al mundo. No fue aquél un parto fácil. Y es por eso por lo que cuando llegó el momento, además del médico, vino un cura.

Charo había escuchado ya al niño que lloraba dentro de sí. Por lo visto, esto ocurre sólo en muy raras ocasiones. Pero no es demasiado frecuente. Está escrito, por ejemplo, en la vida de Napoleón Bonaparte.

Dicen que estos "niños que lloran en el claustro materno y son escuchados desde fuera antes de nacer", son más tarde seres privilegiados, aunque también aseguran que llegan a ser con el tiempo los seres más solitarios –aunque estén rodeados de una multitud– e insatisfechos de la tierra.

Charo tenía de antemano garantizada la cesárea. Era una mujer de pocas caderas, muy estrecha. Peligraba la vida del niño. En aquellos tiempos incluso se llegaba a la operación fatal, y con una larga aguja se punzaba la cabeza del infante. Porque además el pequeño venía de cara.

Una aguja no usada le salvó de la muerte. Otra aguja, años más tarde, volvería a devolverle la vida.

Charo, en el dolor del parto, en ese largo momento tremendo de la angustia, escuchó que hablaban al otro lado de la puerta de la clínica:

–Hay que elegir. O el niño vivo o el niño muerto. Si el niño debe vivir, hay que hacerle la cesárea a la madre.

Su padre, el marido de Charo, el doctor Iglesias, que además conocía como pocos el mundo del vientre materno, por su oficio de ginecólogo, dijo en voz alta:

–Que abran a la madre.

Con un algodón empapado en vinagre, en aquel hospital de la posguerra madrileña, secaron la sangre hirviente de la parturienta.

–Yo quería una niña –había dicho la joven esposa del doctor Iglesias, de las más bellas mujeres, casi una niña, del Madrid de aquellos días.

Cuando supo que era un niño aquello que sacaban de su vientre, Rosario dijo con voz segura:

–Se llamará Julio César.

Por lo de la "cesárea". A la dilatación del útero la llamaban entonces en España "del tamaño de un duro", si era pequeña. Un duro, la moneda de cinco pesetas de curso legal. Insuficiente, pero algo era. Dolorosamente, casi trágicamente, Charo no dio ni el tamaño de una peseta. Todavía siente hoy la tremenda cicatriz de aquella operación salvadora: sobre todo en los cambios de estación. Más aún en la primavera que en el otoño.

El niño nació, como estaba previsto, dando la cara. De frente. Mirando al mundo. Lloró poco al nacer, pero cantó mucho, también llorando a veces, más tarde.

Y no se llamó Julio César. Sino Julio José. Pero, eso sí, siendo aún muy joven, también como César, conquistó el mundo, cantando.

Más o menos, ésta es su historia.

Al menos hasta ahora: una historia contada desde la mitad de su vida, simplemente en un alto en el camino.

EL «CONFESOR» SE CONFIESA

por Tico Medina

Sí, ésta es la historia de una leyenda. Una joven leyenda arrolladora. La historia de un hombre de treinta y siete años; que es el más joven hombre del mundo en ocasiones y el más anciano y cansado hombre del mundo a veces.

Si Cristo hubiera nacido otra vez, en este tiempo, lo habría hecho, seguramente, cantando. Porque no hay vehículo más directo para llegar del hombre al hombre, al menos del hombre joven al hombre joven, que con el disco. El estudio de grabación del nuevo Cristo, del Mesías de este siglo, habría sido su Sermón de la Montaña. Y ésta es la historia del hombre que más discos ha grabado y vendido en este tiempo que le tocó vivir.

–Si hubiera nacido en el siglo del caballo, habría sido –me ha dicho muchas veces– juglar o caballero. Me interesa, fundamentalmente, mi tiempo.

Se llama Julio Iglesias. Ha vendido más de ochenta millones de discos, hoy repartidos por el mundo entero.

Esta historia la empezó el periodista que esto firma a escribir con él hace años, de un lado para otro, entre la tierra y el cielo. Volando o navegando. De Londres a Jerusalén, de Panamá a México, de Chile a Melbourne. Me habían asombrado los indios quiché, en sus lugares lejanos, cerrados a la civilización, con sus camisetas que llevaban un Julio Iglesias pintado en el pecho. Me habían causado un profundo asombro aquellas tres generaciones de mujeres, la abuela, la hija y la nieta, llorando y aplaudiendo con fervor al mismo personaje bajo los rayos laser de la noche del Madison Square Garden en Nueva York. Vi claramente hace ya algunos años que su "resplandor" iba en aumento. Yo escribía entonces:

"Es el hombre más solo del mundo, y al mismo tiempo es el hombre más cercado por la gloria. Parece de bambú, pero es de platino." Teníamos que escribir su historia.

A veces me decía, quizá en la madrugada:

–Prefiero escribirla yo, antes que otros lo hagan.

Y nosotros, los dos, íbamos hilvanando el misterio de su magia, entre la pálida gardenia de Gardel y el perfil mítico de Rodolfo Valentino. Hace unos días, muy pocos, en Viña del Mar, le gritaban, en Chile, en la noche de las luciérnagas:

–Gardel... ¡Gardel!...

Y lo decían los que habían visto a Carlos antes de que fuera solamente un puñado de velas encendidas en el cementerio de la Chacarita. Los que habían llorado la muerte violenta de aquel hombre que murió calcinado entre los restos de un avión en el aeropuerto de Medellín, en Colombia.

De Hollywood había llegado Terence Young, que acababa de elegirle para interpretar el papel del gran amante de Sofía Loren en su próxima película.

–Lo prefiero a Travolta. Es, sin ningún género de dudas, el nuevo Valentino.

Tiene los ojos del carbunclo y la fuerza del misil si hubiéramos de hablar en un lenguaje de este tiempo. Los franceses le han hecho su ídolo. Los belgas han comprado más discos que belgas hay sobre la piel de la tierra. Los italianos le idolatran. Toda la América nueva que habla español le llora, le mima, le ama, le siente, le duele. Toneladas de kilos de periódicos hablan de él cada día. Es una multinacional, sí, pero con el corazón de un pájaro. Se viste como un torero para salir a cantar en la noche. Cientos de cartas de amor llenan cada día sus apartados de correos conocidos. Ha hecho el milagro de que caminen los paralíticos que sólo "querían verle y tocarle".

Llena un estadio de fútbol sin otra alhaja encima –él, que es uno de los hombres más poderosos de este tiempo– que una mano, la derecha, sobre la piel de seda de su camisa, a la altura de su corazón. Tiene el carisma, la fuerza, la delicadeza, la fragilidad y la ternura del «gladiador de la rosa».

Está lleno de historias de amor, sus romances son diarios, pero no hay en su vida, si es que hay, más que un solo nombre de mujer. Está solo.

Porque Dios no da todo a nadie en este mundo. En algunos momentos de rara nostalgia, abre los ojos hipnotizadores y mirando a la lejanía, como quien se asfixia, respira fuerte y pide:

–Sólo quiero que me quieran.

Pero es un elegido. Sabe muy bien que los dioses mueren jóvenes. Teniendo tanto como tiene, necesita muy poco para vivir.

Y yo lo que quiero es que no pierdan la ilusión por mí aquellos –aquellas– que en mí la han depositado. Yo quiero dar a la gente el potencial de ilusión, de alegría, hasta de amor, de romanticismo, que en mí han dejado como quien guarda en una caja de plata lo mejor de sus fotografías, de sus deseos, de sus sentimientos...

Intuición, amiga mía

Por eso quiero que se sepa, lo que aquí digo. Y eso no lo he aprendido en libro alguno. Es mi intuición, mi compañera, siempre la que casi nunca me traiciona. Yo no tengo tiempo de leer libros, es mi intuición la que me salva. No puedo quejarme de ella. Y además no puedo fingir, se me nota en seguida.

Terence Young, el director de cine, me preguntaba hace unos días, aquí en mi casa de Miami:

–¿Pero es que no te gusta ser actor? Yo puedo hacerte un actor soberbio en poco tiempo.

–Eso no se aprende, querido Terence –le respondí.

Se nace actor o no. Yo no tengo mucha fe en el cine, porque me da la sensación de que el cine no es verdad. Creo que no es un sentimiento mío únicamente. No sé cómo verme sin sentirme ridículo llamándome de otra manera de.como me llamo, siendo un amante griego, por ejemplo, y no un cantante español que es lo que soy. No se lo creería mi gente. En muchas ocasiones aparecerá en este libro, estoy seguro, lo que es mi sentido terrible del ridículo, que es por otro lado un sentimiento español. Es por eso por lo que deseo que cuando me mire al espejo, lo que vea en el espejo es a mí mismo, a Julio Iglesias con todos sus problemas, con todas sus virtudes, con todos sus defectos. Con todos sus años encima. Si finjo, se me nota en seguida. Y lo notan mucho los que me rodean. Se me ve a distancia.

Por ejemplo, el otro día en Caracas me pasó una cosa curiosa y dramática a la vez. Me vi en el espejo, ese espejo de mano que a veces lleva alguna persona de las que están conmigo por si el viento me ha despeinado un poco y tengo que cantar al aire, y que sin ser el espejito de la bruja del cuento de Blancanieves, bueno, pues es una pieza importante que me dice generalmente la dura verdad. Les diré lo que vi:

Veo que verdaderamente ha pasado el tiempo. Vi que cada vez me voy pareciendo más a mi madre. Claro que sentí el mismo dolor que al pájaro al que le dan un tiro en el ala. Porque vi que esa vejez no es sólo una vejez de piel, sino orgánica. Vi además algo tremendo: vi que en esa piel maltratada, la mía, se asomaba también la inexorable edad del pulmón, de los nervios, del corazón... Y para mí, que soy una persona activísima, la verdad es que esto es fatal... Me canso más que antes, es normal. He vivido muy hermosamente, muy tristemente, muy duramente.

Todos los días lo mismo

Y además me cuido muy poco. Lo sé. Cada día hago, a las once de la mañana, después de la primera taza de café que generalmente me gusta tomar en ese rincón de mi casa con un mantelillo azul, en esa taza con el filo dorado que lleva sobre fondo marino, mis iniciales —eso después de un zumo de naranja, grande, fresco natural, de un tirón, éste en un vaso ancho de cristal grande—, me hago la resolución fuerte y decisiva de que "voy a cambiar de vida, de que me quiero cuidar, de que no pensaré cinco cosas al mismo tiempo, de que debo ser más tratable, de que no voy a perderme en el laberinto de las cosas pequeñas, de que no soy ciertamente imprescindible porque hay una frase por ahí que dice que el cementerio está lleno de artistas imprescindibles, etc., etc..." Pero la verdad es que luego no sé hacerlo. Me canso más y eso sí que es cierto. Las depresiones me sacuden, me atenazan, me rodean, están sentadas dentro de mí. Claro que es lo que yo le digo por ejemplo a Ramón Arcusa, en las largas noches de grabación, de las ocho de la noche a las tres de la madrugada de todos los días, incluso los sábados y los domingos: "La verdad es que uno se cansa más, solamente de saber que lo tiene todo más seguro."

Pero pienso mucho, más de la cuenta. Y es mucho más lo que quiero dar. Sé que soy un perfeccionista y eso que parece que es bueno, en el fondo acaba destruyéndote. Ramón me afirma, cada noche, mientras tratamos de conseguir una obra mejor, en el disco, que "eso que yo hago: al cien por cien es imperceptible para un noventa y nueve por ciento de los que habrán de escuchar el disco, pero yo quiero dar todo a quien todo me lo quiere dar. Sería incapaz de ofrecer algo a los demás, al menos en esto, que no me satisficiera a mí del todo..."

Lo que pasa también es que hablar de mí, así, a caño abierto, como el que ha roto su vena femoral, para los demás, me preocupa un poco; quizá no sé por qué lo hago y tampoco sé por qué tienen ustedes que soportarlo. Pero noto que me voy quedando más

«Si hablara el cuaderno rojo...»

Julio Iglesias en una escena
del filme «Todos los días un día».

«Me gusta amar. Y más aún, me encanta ser amado.»

contento y a la par más tranquilo, porque de alguna forma abriéndome así de par en par, ustedes me van conociendo mejor y están en su derecho. Aunque en muchas ocasiones, de cuanto digo, con lo que descubro, por poco que sea, por estúpido que parezca, vaya perdiendo alguno de mis amigos. Merecerá la pena, porque uno debe ser transparente, o al menos honestamente de barro, para que se sepa que no es oro todo lo que reluce y que aunque hay quien dice de los que se ocupan de mis ventas, de mis discos, de mi imagen a nivel universal, que "tú, Julio Iglesias, no debes hacer, no debes hacer, no puedes hacer de cara a la galería, ni caca ni pis", yo quiero hurgar si es posible hasta el cubo diario de mi basura más íntima, porque mi deseo es que conociéndome mejor me quieran ustedes mucho más.

Sor Hey

Es un pensamiento egoísta, pero creo que es válido. Me gusta besar a la gente que me pide un autógrafo por la calle. Les beso en la mejilla. Amo a mis fans, creo en mis fans, y si me cuentan como el otro día que un grupo de muchachas de Chile se fueron desde Viña del Mar hasta el aeropuerto de Pudahuel en Santiago, en autobuses, haciendo auto-stop –está a cien kilómetros y andando–, para llegar sólo a verme decirles adiós, desde lejos nada más que a la puerta de un avión que me llevaba hasta otro sitio, y que luego lloraban de tristeza porque no me habían podido ver más que de tan lejos y un segundo con la mano despidiéndome de todos, siento como una gran amargura total, y la verdad es que sería mi deseo más ferviente en este instante en que me lo cuentan que irme a cada una de estas casas, y llamar a cada una de estas puertas modestas, lejanísimas, y abrazar a las que dieron tanto a cambio de nada. Lo digo siempre que puedo en alta voz, en los escenarios del mundo. ¿Cómo no voy a sentirme tan triste y tan feliz al mismo tiempo, ante esa muchacha que el otro día vino a decirme, cuando la policía intentaba contener a diez mil personas, que ella era monja, y que se había salido del convento nada más que porque se había enamorado de mí escuchándome cantar? ¿Qué derecho tenía yo, para cambiar la vida de aquella mujer, sencilla, que me miraba a los ojos tiernamente, y que llevaba puesta una camiseta con mi sonrisa fotográfica, de anuncio de dentífrico? Alguien que estaba cerca de mí, dijo:
   –¡Mira, es sor Hey...!

Y me pareció falto de amor, de caridad. Yo quisiera saber más de esa mujer, más de lo que sé, para besarle las manos, por cuanto ha hecho por mí en su vida. Y ya ven ustedes, fue un segundo, una brizna de minuto, nada. Me volvieron a subir al coche, donde había ya una chica, acurrucada, con mucho menos derecho que aquella que había cambiado su vida por la letra de una canción mía.

Todo eso sale a relucir muy frecuentemente. Historias de ésas, como ésta, tengo a centenares, en los baúles de mi pensamiento. No tomo una nota, no llevo un diario, quizá las personas que estuvieron cerca de mí mucho tiempo, soportándome, aguantándome, vistiéndome y desnudándome, dándome masajes en los pies cansados, tan débiles o apretándome el chaleco, o sosteniéndome la cabeza en algún largo rato de dolor, tienen día a día, hora a hora lo que ha sido, lo que es el suplicio de no poder darle a ochenta, cien millones de personas que compraron mis discos en estos últimos años, a otras ochenta, cien millones que pagaron por verme, nada más que eso, un abrazo al aire, o la intimidad única de un verso escrito para una canción.

ALGUNOS NOMBRES DE MUJER.
TODOS MENOS UNO, CLARO

Hablaremos naturalmente de María. Si es necesario dar nombres de mujer, si debo asomarme a ese espejo, siempre claro, que son los nombres de mujer que hay en mi vida, debo recordar a María.

¿María?

Realmente, María es el primer amor. Fue el primer amor. No sé qué habrá sido de ella. Pero digamos que María es esa chica de la clase por la que siempre uno suspira, y que acaba marchándose con uno, que es mayor y más alto que uno. Una historia no por vulgar, interesante. Lo que pasa es que siempre hay una mujer llamada María en el corazón de todo muchacho y más aún en el mío, que siempre estuvo dispuesto a amar. Más entonces, a· amar que ser amado. Luego la vida se encarga de cambiarte el ritmo de las cosas. ¿Que cómo era María? Bueno, pues María era una muchachita más alta que yo, cosa que no era excesiva teniendo en cuenta que nunca fui un gigante, y que terminó siendo mi novia, por supuesto. Quizá ésa fue la chica del primer beso robado, aquella con la que yo paseaba mis primeros años de pantalón largo por el Paseo de Rosales en Madrid, que tan importante ha sido en mi vida, como en la vida de otros chicos de mi edad y de todos los que habíamos nacido o vivido en el barrio.

Luego está Carmen. Creo que es Carmen. No sé qué habrá sido de ella. Digamos que fue eso que se llama un turbulento amor de hombre joven-mujer casada, de alguna forma amiga de la casa. Lo de siempre. No hay más que ver una película italiana de la época para entender la historia. También algo muy normal, muy en el tiempo que vivíamos. No sé si viera a María ahora si recordaría todo otra vez. No sé tampoco, si lo de Carmen siendo algo ilegal, era a la par que hermoso, importante, por lo prohibido... Pero tampoco me ha preocupado saber más de ella. ¿Por qué? ¿Para qué? Imagino que tendrá nietos. Mejor no buscar ese recuerdo.

En cambio lo de Guendoline sí fue importante. Mucho. Yo diría que de lo más importante de mi vida. Es el primer amor que tengo después de mi accidente. Yo he pensado más de una vez, que es el primer amor "liberal" que disfruto, que sufro, que siento. Guendoline era bella, bellísima. Una auténtica mujer-finisterre. Sé de muy buena tinta que era hija, que es hija, de una aristocrática familia de exiliados rusos. Quizá nieta de un príncipe nacido lejos de su tierra. Eslava pura, preciosa. Pómulos anchos, rubia, ojos grises, como de acero. Debo decir algo urgentemente que me quema: ha sido, y es, la mujer más bella de mi vida. A veces la recuerdo con mucha fuerza, y tengo a mano su dirección, en Francia. Pero no quiero que mi mano marque ese número de teléfono, ni recibo de ella comunicación alguna, ni nadie me trae y me lleva recados misteriosos. Sé dónde está y en ese escaparate la quiero mantener, viva y fresca como una rosa en un vaso de agua. Pero debo decir que a veces me quema su recuerdo, con mucha fuerza, como si apretara un ascua en la mano.

Guendoline me cambia de posición, me mueve, me hace ir a buscar. Es para mí la primera pareja, sin cortapisas. Era además un encanto de cría, un encanto de mujer. Me gusta recordarla. Yo que guardo muy pocas fotografías de casi nadie, tampoco tengo a mano una de Guendoline, pero si algún día tuviera necesidad de hacer un álbum con lo mejor de mi vida, con lo que más quise, debía buscar con urgencia por los periódicos de entonces, por las revistas de aquella época, de hace veinte años, más o menos, la fotografía de Guendoline, a la que tanto quise, y que tanto me quería.

Era una francesa típica, muy simpática, muy abierta, y a la par muy romántica. Tenía dieciocho años, introvertida, abierta... si yo tuviera necesidad de reunir en una sola frase todo lo que fue Guendoline para mí, creo que diría, escribiría: "¡Qué lástima que no coincidieran el amor con el tiempo!"

Y vuelven de esta forma a converger en mí esas dos premisas fundamentales de mi existencia. Creo que cada cosa estuvo en su momento, ¿pero era ése su instante? ¿Qué hubiera sido de mí, si es hoy Guendoline la que empuja esa puerta?... Creo que nada en el fondo. Porque aunque vuelvo a recordarla, mucho, sólo lo hago cuando me preguntan por ella. Y además, si es que quiero detener un momento este caballo loco de mis pensamientos con mi época de estudiante. Eran aquellos días en que yo elegí ser libre, cuando mi padre dijo que sí, que podía estudiar lejos, si era mi deseo. ¡Lo que entonces significaba salir de España, al extranjero!, vivimos una historia maravillosa. Le escribí una canción que me llevó hasta Holanda, a las puertas del premio del Festival de la Eurovisión. Fue la canción que más se vendió aquel año en Europa.

Tan dentro de mí
conservo el calor
que me hizo sentir.
Conservo tu amor,
tan dentro de mí
que aún puedo vivir
muriendo de amor,
muriendo de ti.

Como buscan las olas
la orilla del mar.
Como busca un marino
su puerto y su hogar.
Yo he buscado en mi alma
queriéndote hallar
y tan sólo encontré mi soledad.

A pesar de que estás lejos,
tan lejos de mí,
a pesar de otros besos,
quizá, Guendoline,
aún recuerdes el tiempo
de aquel nuestro amor,
aún te acuerdes de mí.

Aún recuerdo aquel ayer
cuando estabas junto a mí,
tú me hablabas del amor,
yo podía sonreír,
aún recuerdo aquel amor
y ahora te alejas de mí.

Le he pedido al silencio
que me hable de ti,
he vagado en la noche
queriéndote oír
y al murmullo del viento

le he oído decir
tu nombre Guendoline.

Sé que no es realmente un poema de Machado, pero sí –yo he escrito buenos versos y no quiero arrepentirme de decirlo–, pero bueno, está escrito desde el fondo de mi alma. Guendoline aparecerá más veces en esta historia, pero lo que sí quiero es recordarla como el día que le dije adiós. Luego he vuelto a verla alguna vez, en París, incluso ya dentro de su familia de ahora. No hemos querido, ni ella·ni yo, jugar con fuego. Adiós, Guendoline. Adiós.

Si yo no puedo olvidar Benidorm, no debo olvidar a Guendoline.

Me fascina Sidney

Y Sidney Rome, claro que sí. Isabel merece un capítulo aparte. Isabel ha llenado, llena muchos años de mi vida. Isabel es otra cosa. Sidney Rome, claro que sí. Yo la había visto por primera vez hace diez años, como todos los de mi tiempo, en algunas fotos. Era, es, un tipo de mujer que a mí me encantaba. Me fascinaba. Me fascina. En una ocasión, hace un año y medio, grabando un programa en París, la realizadora me dijo que por qué no invitábamos a Sidney al "set".

–Encantado –dije–, me gustará mucho conocerla.

Y en un viaje que hicimos los míos y yo a Italia, coincidí con ella en una cena. Me senté muy cerca. Hice mucho porque me pusieran a su lado. Sidney es una mujer que ha tenido muchos problemas en su vida sentimental. No es fácil su vida amorosa. ¡Tiene unos ojos tan hermosos! Y además está llena de alegría, de vida. Va sembrando la alegría por el mundo. Cuando la conocí, y no quisiera hacerle daño por nada del mundo a Sidney, su matrimonio naufragaba. Todo el mundo lo sabía. Yo no era el responsable de ello. Llegaba entonces a su vida. Desde el primer momento nos entendimos bien, coincidimos en muchas cosas, y a pesar de que cada uno hacía su trabajo, tratamos durante más de un año de encontrarnos, coincidir en varias ocasiones. Cada uno teníamos nuestra vida absurda o hermosa, pero distinta. No nos era fácil encontrarnos, pero siempre que podíamos lo hacíamos y el resultado era inmejorable. A veces muy fuerte, pero estaba el amor. Yo quiero decirle a Sidney que sé, por ejemplo, como fue a mi encuentro aquel día de las bombas y los disparos, atravesando el Lí-

«Guendoline me cambia de posición, me mueve, me hace ir a buscar. Es, para mí, la primera pareja, sin cortapisas.» (Julio Iglesias cantando «Guendoline» en Eurovisión.)

Guendoline, sí, pero sólo en el filme inspirado en la canción.

bano, hasta Balbeek, desde Beirut hasta las ruinas aquellas en las que el sol nunca se ponía. Y sé que se jugó la vida en un camión, siendo judía como es, vestida de mecánico, por estar conmigo unas horas. Ella no sabe que yo lo sé, pero ese recuerdo, eso bastaría, para que tuviera de ella un emocionado sentimiento. Fuimos felices muchas largas horas de nuestros días. Nos llamábamos mucho por teléfono, a veces regañábamos. Nos hicimos aquellas fotos hermosas en las ruinas de Balbeek, yo de príncipe hijo de la duna y del desierto, sólo me faltaba el camello y el alfanje, y ella de beduina, la tuareg más guapa que haya visto jamás. Unas fotos que dieron la vuelta al mundo.

Un perro en el Concorde

Después viajamos mucho juntos por el mundo. Hicimos alguna trastada maravillosa: por ejemplo, trajimos desde Francia a América, del viejo al nuevo continente, al perro *Hey*, que hoy es un fiel compañero de mis soledades en Florida, es uno de los que mandan en mi casa. Un perro que atravesó la barrera del sonido en un Concorde, el primer perro que viajó así en la historia de la aeronáutica. No le gustó mucho al capitán, pero era un regalo y yo no tenía más remedio que llevarlo conmigo aunque hubiera sido al fin del mundo.

No sé si a Sidney le gustará que diga que cada vez que veo a *Hey*, tan cariñoso, aunque me ensucia la alfombra todos los días y hace lo que le da la real gana, aunque lleva mis zapatos por todo el salón delante de las visitas, la veo a ella. Es como un recordatorio, como si fuera algo que Sidney ha puesto en mi vida para que no la olvide fácilmente. La verdad es que tampoco deseo olvidarla. A veces me traen recuerdos de ella, desde Dios sabe dónde, o la veo asomada a una revista, sonriendo y viviendo. Me da alegría verla feliz. A veces estoy tentado de llamarla por teléfono, pero no lo hago. Ha sido una historia linda de amor, a la que han sacado punta todos los *paparazzi* del mundo. Era, es aún, una historia bella. Ha gustado a la gente, y me ha dejado en la boca un sabor dulce. Si algún día queremos, nos volveremos a ver. Por ahora la distancia es lo que más me une a Sidney. Además este perro de pintas negras sobre la piel blanca, que siempre está conmigo, que me acompaña a pasear, que me conoce como pocos, es un leal compañero mío. Ha tenido este pointer una infancia maravillosa. Ha crecido comiendo *croissant* del hotel Hilton de París. Ahora va y viene por el jardín de la casa de su amo, con una media de mujer en la boca. La verdad es que no sé si lo hace por fastidiarme.

También debo decir, a tumba abierta, que esta historia se rompió porque tenía que romperse. Nada más. Hace días Roman Polanski, que quiere hacer una película conmigo, me habló de Sidney, en Brasil. Entre tanto ruido, maracas, sambas mágicas, su nombre me entristeció un poco. Sentí el deseo de llamarla, a larga distancia, a Europa, ¿pero y si no estaba en su casa de Roma?, ¿o dónde viviría Sidney en este momento? Total que me dejé llevar de la música, de las muchachas de carne morena, de Regine, que estaba cerca, de Pelé que sonreía con su vieja alegría amiga, de Polanski que siempre iba acompañado de una chica mucho más joven que él, mucho más alta, y por supuesto mucho más linda; y abrí las ventanas que daban a la bahía, respiré fuerte y no busqué mi libreta roja de los números de teléfono.

Ese maldito-bendito destino

Aunque debo decir que el teléfono de Sidney Rome, al menos el suyo antiguo de Roma, me lo sé de memoria. Ésa es la verdad.

Pero todo acabó. Otra vez la circunstancia, el maldito-bendito destino que todo lo une y todo lo separa. Sidney y yo nos separamos por la distancia, y por la diferencia del trabajo. Los compromisos, los kilómetros, tal vez mataron una formidable historia de amor con final feliz.

¿Después?, pues no se sabe, hay un refrán antiguo, español, que dice "ojos que no ven, corazón que no siente", y también aquella canción, "en la distancia está el olvido", total, que cada uno pinta la vida como le va. Pero la recuerdo mucho. Muchísimo. Habla como los italianos y piensa como los americanos. Tiene el latinismo en sus movimientos y lo anglosajón en el pensamiento. Es un cóctel formidable...

Después está María, otra María y Rina, Rina, sí, y Jeannete y Sheral, que es una modelo americana maravillosa, y Davi, y la Pótamo, una Miss Universo preciosa, que me ha hecho inolvidable un viaje hasta Australia, donde a la par que elegíamos Miss Mundo, como jurado, veíamos, por ejemplo, el lugar donde están las estrellas más frías y más cerca y dónde cayó el Skilab. Y también debo decir aquí, debo escribir en esta arena de playa de este libro, el nombre de Monique, que ha sido un ser entrañable en mi vida... Monique, Mo-ni-que tiene una página viva, emocionante de mi amor. Sé que mañana sonará este teléfono, pero Monique es Monique. ¿Cómo olvidar a Monique?

Claro que todos estos nombres de mujer no son más que puntas calientes de este volcán que parece que es mi corazón. No debo decir puntas de iceberg, ni mucho menos, porque aquí no hay cielo, sino calor. A todas las quise, de una forma diría yo que total, aunque sólo fuera un instante, respetuosa, queriendo, sabiendo lo que quería, como quería.

Sé que hay muchos más nombres y sé que algunas se sentirán quizás más tranquilas al no verse nombradas, otras desposeídas de este sitio en este diario en el que estoy abriendo de par en par las puertas de mi corazón. He querido mucho y sé que voy a querer aún más.

"La Flaca"

Por ejemplo, ¿cómo olvidar el nombre de *la Flaca*? Todo el mundo sabe quién es *la Flaca*. Atraviesa mi vida en los momentos más difíciles, descalza, con su cuerpo impresionante, austríaca de sangre, nacida en Venezuela, esa mezcla de la raza y de la casta del estilo europeo y la flor salvaje americana. Me quiere mucho, lleva cerca de mí tanto tiempo... mis hijos la adoran. Se hace querer por todos. Cuida de mi boca, de mis pies. Jamás me miró a los ojos una mujer con más amor que ella. Pocos, muy pocos han retratado su sombra cerca de la mía, y sin embargo está junto a mí ya mucho tiempo. Se llama Virginia, tiene un apellido difícil muy del norte de Europa, pero vive en Venezuela. Cuida de mis plantas, viste como una chiquilla y no hay Miss Universo que tenga tan bello cuerpo como el suyo. Jamás ser humano me aguantó tanto, me quiso tan por derecho. Yo la llamo *la Flaca* y acabo de bautizar así a la barca de ochocientos caballos que hay en mi pequeño muelle, la barca de carreras que ella conduce en silencio envuelta en una toalla, mientras el viento fuerte le da en los ojos claros.

La Flaca me quiere de una manera muy gratuita. A ratos pienso que se cansa de querer tanto, tan a cambio de casi nada. Pero ella sabe cuánto la quiero yo. Yo, cuando algún amigo me pregunta en la intimidad de lo que no ha de ser publicado:

—¿Pero la quieres tú?

Yo digo que sí, que la quiero bien.

Y pongo en ello una vieja esencia de lo que es el amor a lo

español, a la española: digo "la quiero bien". Pero no debo olvidar que es Isabel quien ha llenado mi vida por más espacio de tiempo, quien me ha dado tres hijos, y que hasta ahora es Isabel mi historia más significativa, más total. Pero si quiero ser sincero conmigo mismo, debo decir que es *La Flaca* la mujer que me ha hecho más feliz, más intensamente feliz en un período más corto de tiempo. ¿Un capítulo aparte para *la Flaca*? No quiero ser cruel con ella, ni conmigo mismo, pero aún no, aunque un lugar destacado sobre las demás, por supuesto. *La Flaca* es otra cosa. El único personaje a la que dedicaré un capítulo aparte, su capítulo, es a Isabel, mi mujer, mi ex mujer, quiero decir, lo que se merece. *La Flaca* es un renglón más largo, con muchas más mayúsculas. No me es fácil hablar de cosas tan mías, pero acepto estos minutos enojosos como quien pasa una enfermedad. Es como Monique... Monique, la azafata de KLM, la holandesa tan bella tan... ¿cómo olvidar a Monique?

Y además *la Flaca* puede estar en mi futuro. La necesito siempre. Pone en orden muchas cosas en mi vida. Habla a las plantas de mi casa con cariño, me trae la última camiseta, conduce mi rolls en las madrugadas, cuando vuelvo cansado de grabar es como la mujer del torero, en eso me siento también español, que espera en la casa para no ser retratada, por no romper un secreto, la llegada del matador después de la corrida. Empapa mi sudor, me quiere entero. Yo también a ella. Sé que sufre mucho, que no entiende muchas cosas mías, que espía, a veces, en silencio mis movimientos como la enamorada a su don Juan, cosa que yo no soy, sé que es una mujer espléndida físicamente, muy joven, que está quemando su inmensa juventud preciosa a mi alrededor, que se está abrasando como una mariposa en torno a la tulipa ardiente de mi vida, siempre de acá para allá... que me espera despierta, que... Pero, quizá, tal vez en el futuro...

Priscila, de costa a costa

Ahora están hablando mucho de Priscila Presley. Ella es mucho para mí, más que la viuda de Elvis. Alguien ha escrito por ahí, y me gustó que lo dijeran: "la mujer que durmió con un dios". Elvis fue un dios en este tiempo. Yo bailé poco el rock, pero para mí, en mis años jóvenes, Elvis era como un cometa lejano. He conocido bien a Priscila en una noche hermosa, fascinante, un poco bruja, quizá preparada por mi gente, en aquel salón con un piano abierto, frente al Pacífico, muy cerca de la casa donde escribió Pablo Neruda sus mejores canciones de amor. Había velas encendidas y rosas frescas. Sonaba una música que no era de festival. Yo la había invitado a ser una de las protagonistas de uno de los show que presentaba cada noche en Viña del Mar, desde la casa de un viejo amigo conocido, para el canal nacional de televisión, aquel que va desde los desiertos altos de la sal de África a los fríos constantes del Polo Sur. Sabía cosas de Priscila, la había visto haciendo un programa de televisión que ella hace todos los domingos por la tarde, ya casi la noche, desde Los Ángeles hasta Nueva York, costa a costa y que la ha hecho tan popular. Sabía de ella además por un dossier que me habían remitido a mí, urgente y completo. Me gustó además personalmente, en seguida. La traje junto a mí, la besé en las mejillas, que estaban duras y tibias. La acompañaba su representante, su manager y la esposa de su manager, una rubia americana que se parece mucho a la esposa de Delon. Fue aquella noche bonita, preciosa. Hablamos en inglés. La vi en seguida fascinante, sencillamente fascinante, fascinada. La vi además, como tenía que verla, como debía hacerlo, sin el fantasma vestido de lentejuelas con el tupé alto y la guitarra eléctrica de Elvis, que en paz descanse. La vi, como Priscila, la hija de aquel coronel americano que un día pasó de vivir en una casa confortable en Berlín, a ser la esposa de uno de los más grandes ídolos de su tiempo. Intenté asomarme a su corazón aquel día y los días siguientes. Bailamos juntos un rock, un rock por cierto, y algún periódico europeo tituló inmediatamente: "Priscila enseña a bailar el rock a Julio Iglesias". Era natural. Priscila es un símbolo para los jóvenes americanos, para los de antes, y los de ahora. Porque el rock está volviendo a crecer como una planta eléctrica y maravillosa en el tiempo en que vivimos. A mí me gusta de Elvis, por ejemplo, su voz de baladista, su temblor galáctico, su forma de parar de asombro un país tan grande tan inmenso, tan metódico, tan conservador, como es Estados Unidos, simplemente con un golpe de cadera, con un golpe seco de cadera. Recuerdo que cuando murió Elvis, me asombró que le llamaran "Pelvis Presley", porque bailaba como nadie, con el sexo, en un tiempo y en un sitio de viejas gentes aferradas a un pasado y a una forma de ser.

Todo eso he querido quitármelo de la cabeza mientras hablaba con Priscila, y lo conseguí. No era sólo una viuda de oro. Era más, una mujer luchadora que quiere salir adelante y que al día siguiente de la muerte del padre de su hija se fue a la puerta de una iglesia, separada como estaba de Elvis a su muerte muchos años, a pedir para no sé qué causa de beneficencia y de paz. Me gusta de Priscila que ama los animales, porque además yo no maté a un animal jamás. Me gusta que adore la naturaleza, que sea como es. Que quiera su independencia, y que no busque quizá para el día de mañana más que un lugar al sol, en Bora Bora y que envía a su hija, que es la hija del dios de la música, a un kibbutz seis meses, a Israel para que estudie y trabaje como las hijas de los soldados y de los campesinos judíos. Me gusta que quiere romper con su pasado y que quiere tener derecho a vivir su presente, y que es la dueña de su futuro.

Nos separamos tristemente

Me gustó que estuviera cerca de mí en aquellos hermosos y agotadores días de Chile. Monté con ella a caballo, lo hice muy mal, la verdad, me puse un poncho de un huaso campesino, quise que me acompañara a un rodeo al pie de los Andes, la invité a mi mesa muchos días, la tomé por la cintura muchas noches, la besé alguna vez. Se fue, nos separamos con cierta tristeza. Otra vez los caminos que nos separaban. Hay gente de la que está a su alrededor que no quiere que hable con el español, con Julio. A lo mejor tienen miedo de que "pueda ocurrir algo". Bien. Muchos días llegan rosas con una tarjeta suya hasta mi casa. Yo le envío también flores, larga distancia, hasta su casa en Los Ángeles. No sé si han hablado algo de mí, quizá sea pedantería por mi parte, Sidney Rome y Priscila, días atrás, en Tokio, donde sé que se han visto. Una tarde, una carta. Una mañana, una llamada telefónica. Nos inventamos a veces, como los muchachos traviesos, llamadas con nombres supuestos, claves deliciosas, para que no nos cazen ni los fotógrafos, "ni la propia *Flaca*" –perdón, Virginia, perdón– aunque tú lo sabes, ni los periodistas, ni el *National Enquire*, ni *Paris-Match*, ni tus guardaespaldas, ni tu manager, solamente tú y yo. Los dos sabemos, querida Priscila, mujer de las hermosas ojeras –las sombras en los ojos más bellas que he visto jamás–, americana pura de corazón fuerte, que si esta historia que estamos viviendo queremos vivirla a dúo, la vamos a vivir los dos. Y no es rizar el rizo de las palabras. Una historia de amor necesita de dos, dicen que a veces de tres, ¿no? Bueno, pues los dos, Priscila y yo, sabemos lo que queremos, no somos unos niños, venimos de otras historias de amor, si las circunstancias nos vuelven a colocar, como parecen querer hacerlo, algún día más, el uno cerca del otro... ¿por que no voy a tener yo, por qué no vas a tener tú, ese amor en nuestras vidas?

Bastaría una corta hora que pudiéramos hablar a solas, que es curioso aún no hemos podido hacerlo, bastaría un fin de semana en esa isla de la que hemos hablado a veces y donde yo quiero comprarme esa casa de madera blanca como las de las novelas de Tennessee Williams, donde ya están crecidas las palmeras y los cocoteros, que ya no tengo tiempo de verlas crecer y lo necesito todo con urgencia ahora, ahora mismo, para que tú y yo, empezáramos lo que queremos empezar... ¿no es así Priscila? ¿No es así?

El mundo está lleno de corazones rotos

Yo sé que ese romance está ahí. Es una fruta que los dos podemos tomar al mismo tiempo. Siento, tengo la sensación, y ya sé que mi intuición me falla muy pocas veces, que los dos estamos tendiendo la mano al mismo tiempo. No me mueve en esta leyenda nada que no sea biológico y humano. No pretendo ninguna publicidad, no tengo nada que inventar. No lo necesito. Ni ella tampoco. O si por encima de nosotros dos hay alguien que lo desea, que lo busca, nada está más lejos de nosotros dos. Nos han puesto a jugar con fuego. Estamos en la edad de tomar nuestras decisiones. Tenemos el corazón un poco roto los dos y un poco abierto a la par. ¿Quién puede detener lo que está escrito en el viento?

No son palabras, escribo lo que siento, justo cuando estalla en estos días, en los viejos periódicos de Europa, en los modernos diarios americanos, lo que ya llaman el romance del año. ¿Pero no dijeron lo mismo el día que me retraté junto a la hija de Sadat en Egipto? ¿No dirán igual cuando dentro de unos días cante *Minuetto*, al oído, por ejemplo, de Carolina de Mónaco, en la noche de la Gran Gala de la Cruz Roja? El mundo está lleno de corazones conocidos y destrozados. Y no hay historia más grande que la vida misma.

Si Priscila quiere, y yo lo deseo, nadie va a intentar que alcancemos esa fruta, que la mordamos juntos. Otra cosa será que esa manzana muera pronto, que devoremos inmediatamente su color y su sabor, otra cosa será que el jugo sea ácido o dulce, que arrojemos pronto su cadáver al vertedero diario de la vida, del olvido. No va a ser Priscila quien me abra, como dicen, sin quererlo yo, las puertas de Estados Unidos. Esas fuertes, pesadas difíciles puertas del disco americano, porque yo sé cómo abrirlas. La llave

«¡Tiene unos ojos tan hermosos!» (Julio Iglesias con Sidney Rome.)

Priscila Presley: «Me gustó que estuviera cerca de mí
en aquellos hermosos y agotadores días de Chile.»
(Julio Iglesias en el estadio de Santiago en una actuación benéfica.)

está cerca, es lo que deseo por encima de todo en este mundo. Y si tuviera que sacrificar mi vida y la más hermosa página de mi vida por conseguirlo, lo haría sin que me temblara el pulso.

Lo que ocurre es que Priscila es bonita. Bella. Y a mí, que puede gustarme una mujer fea, no del todo fea, la verdad, sino fea de algo, no fea total, bella de alguna cosa, quizá de una belleza interior... esa guapura que a veces sale del fondo del alma... yo diría lo que dicen los viejos españoles, "no hay mujer fea", bueno, pues es verdad, pero yo necesito que tenga una estética diría que grande. Una mujer con personalidad, que tenga bien colocadas sus cosas, las de dentro y las de fuera, las que se ven, y las que no se ven, y no sólo en lo físico... Sé que sorprendería a muchos el tipo de mujer que me gusta. Porque algunos se sentirían defraudados con mis gustos. Más bien, yo diría, que me gustan todas. Es la verdad.

Una periodista que me acompañó mucho últimamente y que quería contar en su revista cómo era yo en mis relaciones con las mujeres, me hacía preguntas como éstas:

–¿Pero para qué quieres las mujeres, Julio? ¿Las quieres sólo para acompañarte?

Yo le respondía siempre:

–Para abrazar, para compartir, para no estar solo.

–¿Sólo para no estar solo?

–No, sería un enorme egoísmo, insoportable por mi parte si eso es lo que me importara de la mujer. Yo deseo de todo corazón compartir mi soledad, sí, pero también acompañar la suya. Hay una verdad grande en todo esto, muchacha. A mí, una de las cosas que más me gusta en este mundo es acompañar.

Aunque sólo sea un segundo

Le asombró mucho a la periodista lo que le confesé. Lo sacó a los titulares de su revista. Debo confesar inmediatamente que recibí cientos de cartas en las que me gritaban mujeres de cinco continentes: "Yo estoy sola. Soy tu compañera ideal. Búscame." Me gusta leer todas las cartas que me escriben, y si puedo me gusta contestar alguna carta o si me es posible a veces, en ocasiones, movido por algún raro resorte, uso de mi compañero, de mi confidente total y perenne, el que me falla muy pocas veces, el teléfono.

Ese teléfono que me acerca a mis amores negros, blancos, amarillos, rojos, de todos los colores. Yo vuelvo a confesar que soy un hombre que ha tenido muchos amores en su vida y que a veces me da vértigo pensarlos, pero no los colecciono. Y debo decir con urgencia, que amo, aunque sea un segundo, pero amo, y cuando digo te quiero, por efímero que sea, lo digo con todo el corazón en la boca. No puedo remediarlo.

Hay ocasiones en que me preocupan las comparaciones. Por ejemplo, últimamente me están emparejando con cierta asiduidad a Valentino. Cuando lo leo siento como un raro escalofrío. Quizá no lo merezco, pero me siento halagado. Porque sé lo que significó Valentino en los años treinta para mucha gente. No he leído nada de su vida, tampoco quiero saber nada de él. Si acaso he visto una fotografía color lila, a caballo, de esas que aparecen en los semanarios de la nostalgia. Por otro lado dicen que Valentino, siendo un gran amador, no fue nunca bien amado. ¿Qué tengo yo que ver con eso? ¿O tengo algo que ver con eso, quizá? También me han dicho que fue homosexual. Tampoco es mi caso... No me importa lo que digan, pero no soy maricón sexualmente. ¿Cómo aceptar, entonces, el desafío de ser el nuevo Valentino, como quieren decirme a toda costa? Lo único que sé, es que aquel día en Balbeek, cuando Castellví dijo que debía vestirme de "hijo del jeque" para retratarme junto a Sidney, sentí un cierto rubor, como un malestar y que cada vez que me veo en alguna de esas diapositivas en color, siento como si hubiera usurpado algo de aquel que fue "el más grande mito de su tiempo".

La leyenda que llama a mi puerta

¿La leyenda? Es como un pozo sin fondo, que tira de mí sin que yo lo desee. Es un cáncer maravilloso, que me está minando, que me está minando. Lo estoy sintiendo. Me gusta mucho la portada de una revista, muchísimo, nadie sabe cuánto, Dios mío, pero ahora me gusta más, mucho más, que alguien escriba de mí, algo que me dé miedo, que me empavorezca. Que me dé frío, o fiebre. Uno no es dueño de su destino. ¿Por qué acabo de decir que no, hoy mismo, a un contrato en Las Vegas por siete días? ¿Por qué no fui la otra mañana a jugar al tenis con Bárbara Sinatra, a esa fiesta a la que acudieron los más grandes de Norteamérica? ¿Por qué no acudí a una cita con los Oscar junto a Pavarotti, al que admiro tanto, aunque sólo fuera para entregar el premio a la mejor música? ¿Por qué suena mi teléfono y me habla la esposa del presidente Sadat, para invitarme a la presentación de la obra teatral de Liz Taylor a Washington, donde estarán los Reagan, y yo no acudo a la cita que haría felices a tantos mortales? ¿Por qué hay una mano que me sostiene y no me empuja a que me vaya a vivir definitivamente a Malibú, o a Beverly Hills, donde me están buscando casa los mejores relaciones públicas y cazadores de talentos de mi tiempo?

Sé que a la leyenda lo mejor es decir que no para que venga. Pero no lo hago por eso, sino porque lo siento. Madrid acaba de ofrecerme treinta días cantando en agosto, a cambio de cien millones de pesetas, más o menos como millón y algo de dólares. No. Prefiero ir a España seis días, escondido, si es que puedo, a comer algo de marisco en un paisaje de niebla y piedra en Galicia, donde está mi lejano origen celta, ese que me llena de dudas y de música de gaitas muchos días, de nostalgia.

Yo no sé despreciar, por modesta que sea, ninguna sonrisa. He firmado autógrafos en la piel de muchas jovencitas, un día uno en la palma de la mano de una niña incurable que agonizaba. Pero quiero ser fuerte. Insisto, no quiero ser leyenda. Quiero vivir, quiero emanar, compartir ese raro resplandor que aún asustándome dicen que tengo. Pero eso es lo mismo, quizá no lo merezco. Tengo una horrorosa cicatriz en mi espalda, unas piernas como secas, no mantengo el equilibrio fácilmente, grito a veces, cuando estoy solo o sin estarlo, para tratar de encontrar mi voz, y si abro mucho la boca, sé que se me ven las placas de plata de mis dientes, medio paladar. Pero siempre procuro aparecer ante la gente como la gente quiere que aparezca ante ellos. No quiero defraudarles. Dios me valga. Tienen derecho a verme como quieren que sea, no como yo soy. Por eso siento como vergüenza cuando me siento en el retrete. Por eso este enorme sentido del ridículo. Por eso el mito va creciendo en torno mío y yo lo veo crecer como una hiedra gigante, como una planta carnívora que pretende acabar conmigo. O hacerme mucho más de lo que soy.

Lo que deseo es subir más altas las paredes de mi casa de Miami. Tengo fobia muchos días. Los muros de Indian Creek, donde yo vivo, son altos, nadie puede saltarlos. Las cortinas electrónicas de los amplios ventanales que dan a la mar están casi siempre cerradas. Hay gentes que vigilan mi casa. Yo quiero cuidar de mi intimidad. El día que mataron a John Lennon me quedé frío, helado, como de piedra. Y no porque pensara que aquello sería fácil que hicieran conmigo otro día, otra noche, al salir o al entrar de cada casa, por más guardaespaldas que me acompañen; sino porque hay gente que puede matarte con una sonrisa en los labios, por un autógrafo. Sólo por eso. Quizá sólo por eso y nada más que por eso.

Hace unos días una revista española habló de mi secuestro posible. Sentí más miedo por los míos que por mí mismo. Sé que en algún lugar, a estas horas, hay gentes que piensan en mí de forma no diría yo que negativa, sino algo más fuerte: una mano que no diste y que se tienda hacia ti desesperada, un autógrafo no enviado en una lejana cartulina, un coleccionista de sonrisas que se sienta maltratado sin que tú lo sepas. Ese fetichista al que no le diste aquel botón de la camisa... ¡qué sé yo!... y quizá está pensando en acabar contigo, en que le has traicionado. La mujer que te escribió aquella media docena de cartas de amor impublicables, dramáticas, el enamorado viejo y solo que vive en una buhardilla y tiene todo lo tuyo en unos baúles debajo de la cama, el que te ve todas las noches antes de ir al jergón, a soñar con los ojos abiertos; el que se siente despechado por algo que no le hiciste, o aquella mirada de amor de su mujer, una fugaz mirada de confabulación con lo que estás cantando, el novio que sabe que su novia te buscó en la alta noche intentando romper el cordón de los soldados que había a la puerta del hotel...

Locos y cuerdos, maravillosos seguidores que te quieren y te mueren cada día. A todos los llevo conmigo, sé que están ahí, en la sombra, y sé que hasta ahora me muevo dentro de gentes de un paisaje caliente, de corazón de fuego. Los que se agarran a la manga de tu traje recién estrenado, los que tiran de tu pelo, de tus testículos, entre el clamor de la gente, las que quieren matarte a besos allí mismo... o las que clavan en sus habitaciones íntimas, en sus muñecos de trapo, alfileres y agujas, dagas y puñales y tijeras abiertas, y yo lo sé, que a veces me duele mi propia carne al sentirlo, en la soledad de su casa "porque-quieren-que-sólo-quieras-lo-que-ellas-quieren".

¿Cómo iba yo a negarme a aquella mujer que una noche me esperaba en la penumbra del Hôtel de Paris, en la habitación, en la suite, una vez que se fueron todos, desnuda como su madre la parió? Ya había pasado la juventud de su vida, ya estaba marcada a fuego en su carne, la edad implacable. Pero lloraba y pedía algo que yo le podía dar. Me desnudé tranquilamente, con un sabor de bronce en la boca, y la quise. Sé que suena a tango, pero me gusta. Es verdad. Debió salir en la mañana, tranquila, huyendo, con la ropa en la mano, como una colegiala de las que canta Serrat, mi compañero. Quizá era ya abuela. Pero yo me miré al espejo a la otra mañana más tranquilo, no tenía aquel amargor en la boca, más descansado, más contento de mí mismo.

–Ha sido una maravillosa noche de amor.

No marqué un solo teléfono más, al menos aquella mañana. Recogí el reloj de oro formidable que había en la mesilla, sobre el mármol napoleónico de mesa de noche. Lo guardo. Muy pocos lo han visto. Tampoco hace falta que lo vean. ¿Por qué debo contárselo a nadie? Creo que ni recuerdo el nombre de pila de aquella mujer caníbal y maternal que me esperó en la alta noche. No lo sé. Tampoco ha querido recordármelo. Pero si tuviera que hablar en voz alta, como ahora estoy haciendo, de un hecho de amor inigualable, casi impar, acudiría a este recuerdo con urgencia. Y con alegría, con una cierta alegría.

¿Por qué no?

Conmigo no llegó el escándalo

Igual que hay historias de amor que no conoce la gente, historias de amor con gentes que todo el mundo conoce. Historias de amor con nombres y apellidos. Pero quizá no han dejado otra huella que ésa, el escándalo interior, de los dos, quizá más mío que suyo, de su nombre. Pero no he traicionado a nadie. A nadie. Prefiero a aquellas otras mujeres que han dejado en mí un recuerdo limpio, lleno de matices humanos, buenos y malos, pero humanos. En mi vida verdaderamente han existido muchas mujeres a las que yo hubiera podido decir, muchas, de verdad, "nos casamos", sin que me temblara la voz, pero por alguna circunstancia concreta del momento ese hecho no se ha producido. Y es que yo pienso que el matrimonio, lo que es contractual, lo que es "para siempre", es sin embargo el producto de una mera coincidencia. Porque está muy claro que, si las circunstancias no hubieran favorecido el "sí" de Isabel, a Isabel, podría haberme casado, a lo mejor, con Jeanne, ¡qué sé yo, o con Monique!... Pero como pienso mucho, quizá más de la cuenta, soy consciente también de que lo mejor hubiera sido lo peor. Todas mis canciones, o casi todas, aquellas que yo he escrito, tienen mucho de esa filosofía que está tan dentro de mí.

Y es que tengo muy claro lo que me gusta de una mujer. Deseo su belleza, quizá lo primero, porque así lo pide, entre otras cosas, mi propio signo zodiacal. Lo saben: soy Virgo, aunque estoy a un paso de Libra. Mi relación con las mujeres ha sido abundante, ex-

«Un día por teléfono
le digo: "Isabel,
debemos casarnos.
¿Por qué no
nos casamos?"
Se lo decía desde
muy lejos, pero
mi voz estaba más
segura que mis
piernas. Isabel
me dijo que no.»
(En las fotos, Isabel
y Julio en el día
de su boda,
en Illescas,
el 20 de enero
de 1971.)

tensa. Intensamente, he amado. Pero lo cierto es que he ido descubriendo sobre la marcha aspectos nuevos, en la mitad o al final de cada relación. En cambio han existido otras a las que he descubierto sobre la marcha aspectos nuevos que después me han decepcionado profundamente. Igual les ha ocurrido a ellas conmigo. Y es de esta forma como mujeres que han sido muy importantes en mi vida, más tarde, de principio, al comienzo de nuestra relación, no me han dicho absolutamente nada.

Menos mal que mi vida sexual es muy importante. Si no, con tanto pensar, con tanto filosofar... Soy, me siento, absoluta, totalmente sensible al sexo. Soy terriblemente erótico. No es la primera vez que lo digo, pero no me siento un don Juan, que me parece un personaje ridículo, el pobre don Juan, ni tampoco alardeo de mi éxito con las mujeres. Niego rotundamente a aquel que me compara a un don Juan. No, ni mucho menos. No quiero a la mujer para usarla. No.

Los años pasan

Me gusta más doña Inés. Lo que me preocupa de todo esto es la vejez. Ese día, cuando mi pila se agote, cuando yo vea que sólo puedo dar un amor de palabras, un amor sólo de sentido. Un amor con poco amor. Un amor psíquico, con algo, unas gotas, de amor físico. Los años pasan en verdad por uno. No dejan de gritártelo constantemente. Pero no quiero dar la sensación de que deseo exprimir este limón, esta naranja de la vida, con urgencia, como el que va perdiendo el tren, como el que ve que sus raíces se secan. Tampoco es así. Sé que hay otro tipo de amor, que nace de la comprensión, de la edad, de muchas otras cosas. Pero no es a ese amor al que canto yo. Al menos ahora. No he cumplido aún los cuarenta años, no siento miedo en los aviones que son mi segunda casa, y duermo de un tirón, si es que no compongo de aeropuerto en aeropuerto. Sé que el amor no es pecado, siempre que sea amor. Me gusta además mi oficio, mi profesión, para lo que he nacido. Habría sido quizá un portero de fútbol mediocre, alguien dice que soy un futbolista que canta, lo acepto. Pero no estoy aquí porque sí, porque lo hayan escrito juntándose o separándose los planetas. Alguien, algo, ha dispuesto uno tras otro todos los capítulos de mi vida. Sé que tendré una vejez intranquila, nerviosa, posiblemente fatal. Sé que seré un mito formidable e intolerable. Inaguantable y hermoso. Y sé que cuando vea que mi voz se va apagando para siempre, buscaré a alguien para enseñarle lo que yo aprendí cantando por lugares y sitios maravillosos e inolvidables, difíciles y duros. Pero. ¿Qué estoy diciendo? No es bueno dejarse llevar de la corriente. Odio las palabras escritas porque sí, aquellas que vienen unas tras de otras. No. No daré clases a nadie ¡de nada! No enseñaré a nadie. No sabría hacerlo. La soberbia es uno de mis pecados más fuertes. Me llevaré el secreto de mi éxito, o de mi fracaso, a la tumba, no produciré musicalmente a nadie, no haré otra cosa que aguantar en silencio, con la cabeza levantada y esa enorme cicatriz en la espalda, estirada la piel, dejándome retratar por el lado derecho, solamente de los fotógrafos devotos, permitiendo el teleobjetivo amistoso, prudente, de un reportero "que yo quiera que me robe un gesto imperceptible, como cortar una rosa, como acariciar una mejilla de mujer"...

He sufrido mucho. Lo siento.

ISABEL

Aquel día de mayo de 1970 acudí a una cita en casa de Juanito Olmedilla, en Madrid. Juan era un buen amigo mío –lo sigue siendo–, que de cuando en cuando me hacía llegar una llamada o una invitación para asistir a su casa a una reunión de amigos, siempre en torno a algo o a alguien. Aquel día, lo recuerdo bien –muy bien–, la fiesta era en homenaje a una buena bailaora española, muy elegante, delgada, de una enorme personalidad, que se llama Manuela Vargas.

Yo acudí, debo decirlo, a aquella cita, como siempre. Hacía poco acababa de cumplir –más o menos– los veinticinco años y estaba claro que me gustaba pasarlo bien. Sé que la casa era hermosa, y que en ella estaba eso que se llama "todo el mundo". No sé si en la actualidad se le dice al alto nivel de las revistas elegantes, "la *jet society*",

En esta fiesta, yo entreví a la que luego sería mi mujer. Más que verla, la vi pasar. Diría yo hoy que apareció como algo fugaz entre la gente. Era una mujer muy bonita, muy guapa, muy linda, y recuerdo bien que le dije a Juanito:

–Oye, Olmedilla, ¿tú conoces a esa chica?

–Sí, claro.

–¿Cómo se llama?

–Isabel Preisler, y es filipina.

–¿Filipina?, ¿qué hace aquí?

–Está estudiando en Madrid.

–Oye, Juanito, me encanta. ¿Por qué no me la presentas?

Pero la verdad es que al menos aquel día no me la presentó, aunque yo no le quité la vista de encima. Me gustaba mucho, su piel, sus grandes ojos misteriosos, su enorme estilo. No quisiera hoy decir que aquello fue un flechazo, pero lo que está claro es que me encantó.

Me quedé con la gana de darle la mano aquella noche. "Otra vez será." Y lo fue muy pronto, porque Olmedilla volvió a llamarme dos semanas más tarde a mi casa de Madrid para advertirme:

—Oye, los Terry dan una fiesta en el pabellón de su firma en la Casa de Campo, en la Feria... ¿Quieres venir?

—No sé, Juanito. Ya sabes que todos los fines de semana voy a Londres...

Tenía yo entonces una "medio novia" en Londres. Una chica preciosa, que se llama Jane Harrington y que sería la protagonista de la película *La vida sigue igual*. Por eso yo iba mucho a Inglaterra, donde grababa mi último disco, y además los fines de semana me venía muy bien y me era un viaje muy cómodo.

Otro amigo, Ayesa, volvió a "tentarme".

—Creo que debes dejar lo de Londres este sábado. ¿Sabes quién va a la fiesta?

—¿Quién?

—Pues va esa chica que te gusta tanto.

—¿Cuál?

A mí me gustaban casi todas, así debía especificarla.

—La chica que el otro día te agradó tanto en casa de Juanito Olmedilla, en lo de Manuela Vargas.

—¿La filipina?

—Isabel Preisler, eso es. La filipina. ¿Cuento contigo?

—Cuenta. Claro que iré.

Allí estaba la filipina

Y fui. Y recuerdo muy bien, éste es un libro que naturalmente está lleno de recuerdos, recuerdos que a veces me avergüenzan un poco porque están demasiado cerca, quizá no tenga todavía la edad necesaria para escribir estas cosas que casi puedo tocar con la mano, cosas pequeñas para muchos, pero grandes para mí, como la de aquel día que de una forma tal había de cambiar mi vida. A veces me han preguntado:

—¿El encuentro con Isabel fue para bien o para mal?

—Para bien, siempre para bien. Totalmente para bien.

Estaban Lola Flores, Carmen Franco, todo el mundo, insisto, que entonces aparecía en las fotografías de las revistas y las secciones de nombres de los periódicos. Hacía un calor de junio. Yo estaba con mi copa de vino de jerez en la mano, entre, lo veo como si fuera ayer mismo, Carmen Cádiz y Chata López Sainz, que era una amiga íntima de ellos. Creo que Isabel llevaba puesto como un sari de seda, de los que a ella le gusta ponerse, que la hacía mucho más exquisitamente hermosa. Un vestido de cuello alto, así me la presentaron. Nos dimos la mano. Yo había ido ya a la Eurovisión, de alguna forma era persona conocida, aunque no eso que se llama popular, pero en honor de la verdad debo decir que tampoco a ella le causó una gran impresión lo de "aquí-julio-iglesias-ya-sabes-el-cantante". Pero a mí me gustó mucho. No sé a Isabel, aunque creo que no tanto como me ocurrió a mí. Lo cierto es que me las arreglé para acompañarlas a todas a casa, y pienso ahora también que, aunque mi deseo era dejar la última en la suya a Isabel –que era lo que yo quería–, no tuve más remedio que despedirla la primera y continuar después como un correo acercando a las damas hasta su domicilio.

–No, primero me dejas a mí, que lo tenemos de paso en el camino.

–Me gustaría que me dieras el teléfono, Isabel. Por si te llamo algún día.

–Ya te lo daré, no te preocupes. Pero hoy no. Además no te va a servir de nada, porque yo me marcho a Filipinas inmediatamente, en cuanto me den las vacaciones. Debo volver a casa. En el otoño regresaré y entonces hablaremos.

Total, que encima me quedé sin teléfono, sin el teléfono de Isabel. La verdad es que pienso que no le gusté demasiado porque no me quiso dar el teléfono. Al menos no le gusté físicamente.

Alguien me ha dicho en más de una ocasión que "quizá ése es un procedimiento oriental de llamar más la atención, pero a mí maldita la gracia que me hacía aquello". No obstante pensé para mí:

"Ya me enteraré de ese teléfono. No me va a ser difícil. Te daré la lata hasta que me caigas."

Y alguien me lo dio. Pero yo la llamé desde Londres. Vestía muchísimo decir después de la señorita que hablaba en inglés y te avisaba que "había una llamada del exterior, una larga distancia":

–Te llamo desde Londres, donde estoy grabando mi próximo disco, como sabes.

Total, que quedamos en vernos en Madrid, en los primeros días de la próxima semana que yo volvería, como siempre, a España. Aquel día, aquella noche con Jane, recordé mucho a Isabel. Y conté con cierta impaciencia las horas que me separaban de la cita con aquella que después habría de ser mi mujer.

También supe que las muchachas filipinas que había como empleadas de hogar en la casa de Isabel estaban un poco nerviosas de saber que era "Julio Iglesias el que iba a ir a recoger a la señorita", pero creo, de verdad, que a ella no le importaba demasiado el que yo cantara o no. Quizá nunca le importó lo suficiente.

Pero la cita estaba conseguida y yo la recogí de su casa y la llevé aquella tarde a un concierto que había en el cine Carlos III, donde cantaba aquel día Juan Pardo.

Preverano de Madrid: un tiempo muy bonito y yo lleno de ilusión. Isabel estaba, como siempre, guapísima.

A la salida del concierto, nos fuimos a cenar a una cafetería que había más arriba, en la calle de Serrano. Luego queríamos irnos a bailar a Gitanillos. Y no tengo que hacer un alarde de imaginación para saber "que todo ocurrió como estaba previsto". Esto es, que no pasó nada y que ya había eso que los franceses llaman magistralmente un *coup de fois*. La historia ya se había encendido, aquello estaba en marcha y era un tema guapo, que yo pienso que nos gustaba a los dos. La prueba de que aquello marchaba es que volvimos a salir al día siguiente, y al otro, y al otro, y al otro... y yo acentuaba todo lo que sabía, me estaba enamorando con fuerza, y aunque quería que se me notara, también es verdad que ella se mostraba más bien escéptica.

De lo que sí estoy seguro, esta mañana de sol en que escribo esta página, es que para mí, desde el principio, desde aquella aparición fugaz en la casa de Juanito, Isabel me pareció "una cosa distinta". No es nada cursi decirlo, es la verdad. No sé si eso es un flechazo o no. Pero para mí, que era un experto en situaciones amorosas, en eso que hoy se llaman los romances, lo cierto, insisto, es que desde el principio lo de Isabel no me parecía un flirt, sino algo mucho más importante. No era "un tema de verano", eso no, desde luego que no. No, no era un "ligue".

Muchos días, a solas, me pregunto qué es lo que me atrajo de Isabel. Y yo diría que primero sus dieciocho años, muy joven, un algo de misterio, ese tono enigmático que aún no ha perdido ni va a perder nunca, ese aire tan oriental, que me cautivó...

Pero no hubo flechazo, sino más bien un toque de fascinación. Tenía mucha clase, era distinta a lo que yo veía por entonces. Su *charme* fue para mí decisivo. Pero yo, que tenía veintiséis años, no había pensado en casarme, jamás. Bueno, sí, una vez, pero dentro de eso que se llama el viento loco de la juventud, con Guendoline.

Días felices:
Julio con Isabel
en Hong Kong.

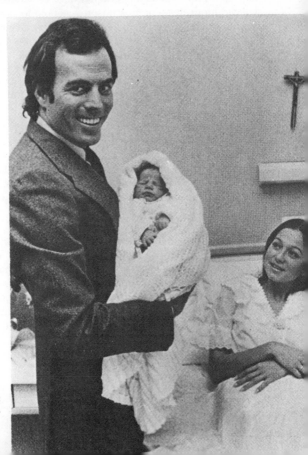

Ha nacido Chaveli:
todavía sonrisas.

Lo que ocurrió con Isabel es diferente a todo lo que me había pasado hasta entonces, a todo lo que ocurrió después, incluso a eso, y debo asumirlo. Cuando hablé con ella un par de veces, lo decidí para dentro de mí:

–Ésta es la mujer de mi vida. Voy a casarme con ella.

No al Julio que canta

Y se iniciaron "las relaciones". Muy complicadas al principio, porque yo tenía galas todo el verano, yo tenía comprometido casi todos los días de julio a septiembre, y ella no se iba a Filipinas como había dicho el primer día que la llevé a su casa, cuando le pedí el teléfono que no quiso darme. Pero seguí adelante. Yo quería conseguirla como fuera y hacía equilibrios en la cuerda floja para verla, para hablar con ella, donde fuera y como fuera y tomaba aviones desde donde cantara, y trenes, por llegar siquiera unos minutos donde ella veraneó aquel año, en Guardamar, cerca de Málaga, donde terminamos nosotros teniendo también una casa. Está muy claro que el Mediterráneo ha sido clave en mi vida, de la misma forma que después lo han sido el Caribe y el Atlántico y el Pacífico... ¡Cómo no voy a querer esta proximidad de la mar, como yo la quiero!

Lo que sí sé es que a ella no le interesaba para nada el Julio Iglesias que cantaba. Y creo que nunca, jamás, le importó. Jamás. Quizá eso fue determinante de muchas cosas posteriores. Pero ésa era mi carrera. Yo tenía que seguir adelante y a veces ella acudía a una de mis galas de una forma fugaz y poco frecuente, como desganada, como lejana.

La historia de amor siguió adelante. En octubre yo tuve que viajar otra vez a Hispanoamérica y se iniciaron las largas llamadas telefónicas. Diariamente, estuviera donde estuviera. No me importaba la factura. Nunca me importó: Chile, Argentina, Puerto Rico, México...

Yo me había declarado ya como se decía entonces. Yo le había dicho ya "te quiero", aunque no fue una declaración digamos en regla. Fue que esas dos personas se iban juntando hasta que llegó el momento en que las dos supieron que debían unir sus vidas. No había más que declararse. ¿Para qué? Lo que sí éramos conscientes de que "aquello" era mucho más fuerte que un simple amor de verano.

Un día por teléfono le digo: "Isabel, debemos casarnos. ¿Por qué no nos casamos?" Se lo decía desde muy lejos, pero mi voz estaba más segura que mis piernas. Isabel me dijo que no.

142

Pero mes y medio más tarde cuando vuelvo, ya en diciembre, se lo repito cara a cara: "Debemos casarnos. Sólo llevamos seis meses de novios, pero creo que es suficiente. Ya sabemos quiénes somos."

Y decidimos que sí. Tantas veces como he pensado después que "quizá fue demasiado poco tiempo para conocernos a fondo", digo inmediatamente que no, que "fue lo que tenía que ser". Mejor así. "Historia de una histeria", como yo digo, cosas de jóvenes locos, pero que un día de pronto, un día de frío en España, "deciden casarse". "Sí, quiero."

Lo hicimos pronto. El veinte de enero del setenta y uno. Hay momentos en que no recuerdo bien la fecha, pero no creo equivocarme.

De todas formas está en cualquier revista y si no mi madre me corregirá, porque no es correcto que llame a Isabel ahora mismo para preguntarle. Lo que sí es claro es que fueron ocho meses de novios. También puedo decir, dentro de lo que es el género menor, que Fraile, Alfredo, como mi hermano en los últimos años de mi vida, y yo, además de Isabel, recorrimos todas las iglesias que había en Madrid y alrededor tratando de encontrar el sitio ideal.

A veces nos parecía una ermita demasiado pequeña, a ratos una catedral demasiado grande. Había días que volvíamos a casa decididos de que ya la habíamos encontrado. Pero lo que sí es verdad es que "aunque no queríamos que nos acompañaran nada más que los justos, incluidos fotógrafos y periodistas, lo cierto es que terminamos por elegir la capilla de José Luis en Illescas, en la provincia de Toledo, donde están los Grecos". Y debo reconocer que fue Isabel quien dijo: "Aquí, en esta iglesia."

Sonrío cuando lo pienso, pero el recuerdo de aquel día es agradable. Bueno, por ahí están las fotos, el pastel... Y además porque "todo el mundo se casó un poco" con nosotros. Quizá –uso mucho la palabra quizá– porque siempre me asalta la duda, hoy creo que todo aquello fue un poco grotesco, emocional, apasionado, pero era válido, aquel día y el final del capítulo de aquella primera historia de amor. Nos casamos, y eso era hermoso, un poco en contra de muchos, ingenuos, enamorados, una boda contra corriente, demasiado rápida tal vez, porque los únicos que estábamos a favor de que debíamos casarnos éramos Isabel y yo, eso es evidentísimo, clarísimo. Fue una boda decididamente voluntaria. En ocasiones me han preguntado si "es ésa una boda para mí irrepetible", y yo digo que sí. Porque diez años después, con otra edad, y en otras circunstancias, desde luego que no, aunque fuéramos ella y yo los mismos protagonistas.

Además había muchos fotógrafos. Nuestro amor despierta curiosidad, esa curiosidad que aún no se ha apagado, que, es más, hoy enciende muchas opiniones, y "vende" muchas revistas. Ya entonces despertábamos interés. Julio Iglesias era un chico que había estado en Eurovisión, que había ganado en Benidorm, y ella una chica desconocida, que se movía en una sociedad muy alta, una chica de rostro exótico, distinto a lo que se veía habitualmente en Madrid... Pero debo decir que nuestra boda está llena de contradicciones, y hoy de sensaciones dignas de ser estudiadas. El color de la piel de Isabel, de mi mujer, mi mujer entonces, mi ex mujer hoy, luego el color de la piel de mis hijos, lo que hay de oriental en mi vida, mis largos viajes después a Oriente... O sea, al casarme con Isabel lo que hago es hacerme también sin querer más universal. No lo pienso en voz alta, es mi subconsciente, mi circunstancia, mi destino lo que está trabajando dentro de mí. No me caso con una chica española, sino con una chica que viene casi del fin del mundo, poco menos que de las antípodas... Me instalo en el mundo. Empiezo a ser lo que quiero ser, ciudadano del mundo un poco sin dejar de ser lo que siempre quise, esto es, español medular. Mi mujer entonces tiene su familia en Filipinas, eso le obliga a viajar con insistencia muy lejos en un camino que se hace muy largo...

Le debo mucho, y bueno

Y yo confieso que Isabel dio un fuerte toque a mi personalidad. Es decir, que debo a Isabel muchísimas cosas, le debo un apoyo moral en mi vida, yo soy un poco pájaro loco, alguien que va y que viene, y ella es seria, disciplinadísima, estoy hablando de Isabel entonces, en aquel momento, muy perfeccionista, quizá excesivamente perfeccionista, cosa que acepto y hoy agradezco, porque ésa es de las cosas que más se pegan en el mundo... Isabel tiene un enorme sentido de la estética, y al empezar mi vida total con ella algo va cambiando en mí, algo que hoy permanece vivo y que me ha servido de mucho.

Yo recuerdo que inmediatamente después de la boda nos fuimos a una casa que teníamos alquilada, un piso en la calle profesor Waskman, de Madrid, y ahí vivimos dos meses felicísimos, donde se inicia "la proximidad del mismo cepillo de dientes" en ocasiones, y era la primera vez que a mí me ocurría algo así, jamás había vivido, por supuesto, con aquella intensidad de amor y de convivencia. Vivir con alguien, con otras mujeres, ya lo había hecho, claro que sí, no hay más que repasar estas páginas, yo tenía ya veintiséis años, pero lo que está claro es que de aquella forma y tan largamente, nunca. Nunca hasta entonces. Antes, además, no hay eso que se llama el aprendizaje; hoy tú vives con la mujer que va a ser tu mujer, y la conoces íntimamente desde mucho tiempo antes. Las gentes están mucho más juntas antes de casarse. Está claro que nosotros nos casamos muy rápidamente. Pero no demasiado rápidamente. No obstante llegamos no conociéndonos lo suficiente al matrimonio. Siempre he dicho y lo repito, y creo en lo que digo, que el matrimonio es un acto de emoción, porque si no es así, uno no se casa hoy día... Y es de esa emoción de la que nacieron mi hija primero y mis dos hijos después...

¿La luna de miel? Pues... pues, maravillosa. No es un adjetivo al uso, ni baldío. Es verdad. Viajamos a Canarias, bajamos a la playa de Maspalomas, al sur de Gran Canaria, en aquella arena de oro. Dormimos en la habitación del astronauta que acababa de bajar de la Luna. Nosotros estábamos aún en las estrellas. Y yo voy ahormándome a su vida, tal vez sin que ella se vaya haciendo del todo a la mía. Al menos yo me voy disciplinando más, me voy haciendo más responsable. Gano más dinero del que había soñado iba a ganar en mi vida, tengo trabajo, y paso de pronto, yo que soy tan independiente, de hacer lo que yo quería, a hacer lo que quieran dos... Mi mujer empieza el embarazo, tenemos a Chaveli, llevo una vida más ordenada dentro de lo que es mi vida, una vida más responsable... Viajo a Oriente un par de veces o tres, conozco a su familia, la conozco a ella mejor, me entero más de muchas cosas... y los dos nos vamos dando cuenta de "lo que habíamos hecho".

Las causas y los efectos

No de "lo que habíamos hecho y no debíamos haber hecho". Eso no. Adelante con todas sus hermosas y terribles consecuencias. Asumimos nuestra responsabilidad. Somos, éramos entonces, jóvenes y felices. Y lo nuestro sobre todo era "una historia de amor". Absolutamente una historia de amor, más diría yo, casi de cuento de hadas.

Y empieza a nacer en mí una ansia formidable, a veces desatada del éxito. Hay días en que, repasando mi vida, trato de saber si ese deseo desaforado de triunfar no nace de una necesidad urgente, sobre todo de "sorprender, de interesar más en mi carrera a Isabel". No sé. Pero de lo que sí estoy seguro es de que ella ha sido clave en este motor casi atómico de mi vida como cantante. De que me vaya haciendo más fuerte. Y quizá está todo este secreto en eso: en que ella no lo fomenta, en el fondo no le gusta lo que hago. No se interesa por mi vida como cantante, aunque como mujer oriental, como de porcelana, nunca saca a relucir lo que siente. Hoy estoy en condiciones de asegurar que por dentro lo siente, pero no lo saca a flote, no quiere demostrarlo. Forma parte de algo muy profundo que hay en ella, y que es su raza, su geografía. Es una mujer más hacia dentro que hacia fuera. Es una mujer que cree mucho en lo que está pasando, y sabe lo que va a pasar. Y más aún cuando nace Chaveli, que es un día importante, seriamente importante para nosotros, sobre todo para ella. Porque para mí fue una cosa, en principio, digamos que natural... ¿un hijo después de casarse? Pues claro que sí. ¿Pero no es ésa una historia sencilla y biológica, la más vulgar por bella que sea, del mundo? ¿No es lo que pasa siempre?

Yo me voy concienzando de lo que ha pasado, del sencillo milagro de Chaveli, después, con el tiempo, a lo lejos, en la distancia. Y escribo canciones. Ya había hecho una para Isabel. Prácticamente en el viaje de novios, entre las dunas de Maspalomas y el piso recién puesto del barrio joven de Madrid. Es una canción que hoy recuerdo y que me gusta mucho. Se llama *Como el álamo al camino* y ya hago en esta canción una declaración de principios de lo que debe ser un matrimonio. Pienso que es hoy, aún hoy, a tantos años de distancia, una canción estupenda, con una letra llena de poesía, porque a mí hay muchas veces que me sale aquel niño poeta que a veces escribía un verso en el cuaderno escolar o el que de otra forma se sabía de memoria en la clase de literatura los versos de Bécquer o de san Juan de la Cruz.

Y es que en mí está muy clavada la palabra camino. Sé que es muy español, muy de Machado, yo soy un viajero eterno, impenitente... camino, camino...

La canción escrita, compuesta a la guitarra al borde de la cama, en el avión, en el rato de sol, saliendo del agua, al amanecer, decía, dice así:

Como el álamo al camino,
la estrella al anochecer,

como el sauce lo es al río
mi amor a tu amor fue fiel.

De mi mano caminabas
por caminos sin hacer,
sin más huellas que mis huellas,
sin más fuerza que mi fe.

¿Y qué pasó de aquel amor?
¿Y qué pasó de aquel ayer?
Que ya no puedo estar sin ti,
que ya no puedo más vivir,
ni sé quién soy,
ni sé qué sé,
ni dónde voy,
ni dónde iré.

Y aunque sé que te he perdido,
que ya nunca te tendré,
en mi alma guardo un sitio
por si tú quieres volver.

Ésta es la canción, que aún hoy canto, muy raramente, creo que ni me acuerdo del todo de la letra. Recuerdo sin embargo que nació en mí en diez minutos aquella canción, y que luego se la leí y se la canté de pronto, un día. Aunque yo he cantado muy pocas veces las canciones, ni antes ni después, a mi mujer. A Isabel. Porque ella, vuelvo a decirlo, me motivaba a mí, pero sin querer hacerlo. No se interesó jamás por mi carrera artística de una manera activa, aunque sí pasiva. Ella me llenaba de emociones, me ayudó muchísimo, pero en lo que se refería al artista trató siempre de separar los caminos, y ésa ha sido una de las causas fundamentales de nuestro fracaso matrimonial. Y esto es algo que me duele decir y que nunca he declarado públicamente, pero que ahora debo decir, porque es verdad y porque tengo que ser sincero conmigo mismo y con mis lectores.

Confieso ahora públicamente que nuestro fracaso fue porque no nos acercamos lo suficiente en lo que habría de ser inexorablemente mi futuro, que era, es, mi carrera, el hombre que canta. Ya he dicho muchas veces que yo seguiré en esto hasta el final de mis días, que nada ni nadie va a detenerme en lo que quiero, en lo que soy. Ella lo sabía. Teníamos tres hijos guapísimos, parecíamos tener todo, éramos jóvenes... el dinero, el éxito eran nuestros aliados, pero... yo tenía una dependencia vital a lo que era más importante para mí: cantar. Isabel sabía o no sabía del todo que se había casado con un artista. Y ella, mujer muy inteligente, conocía cuáles eran mis disciplinas, las necesidades, las concesiones que había que hacer para seguir adelante.

El día que se partieron los caminos

Eso sí, ocurría que aquellas concesiones de antes eran mínimas con las que iban a venir después, cuando yo de una forma clara, y queriendo, me esclavicé con mi profesión, con lo que era mi vida verdadera. Nuestra separación nace de este problema de conciencia fundamental. Los caminos se parten. Yo debo seguir adelante. Ella no. La culpa es un cincuenta por ciento de cada uno. Eso es evidente. Ésa es la verdad. Y además empezamos a notarlo con el tiempo. No es un día, de pronto, cuando se rasga el velo de la separación. No. Son chispazos, días, días, días... Empezamos a tomar conciencia de que cada uno tiene un estilo de vida diferente, y de que esa diferencia va a ser el final del futuro. Yo adoro esta carrera mía, esta vocación mía con toda mi alma, y ella no quiere separar de su vida lo que es su vida, su forma de ser y de vivir. Cosas demasiado personales, demasiado íntimas, y quizá demasiado vulgares, ocurren todos los días miles de veces en miles de matrimonios que naufragan... y de esta forma, los siete años que dura nuestro matrimonio tienen sus altos y sus bajos, sus crisis, pero jamás de ser un matrimonio emocional, porque siempre me sentí, al menos en ese tiempo, profundamente enamorado de Isabel.

¿Viene ahora a relación, quizá, el título de este libro, que yo mismo y nadie más que yo he elegido, de Julio Iglesias "entre el cielo y el infierno"? Pues quizá sí. Porque pasamos en esos siete años del cielo al infierno sin brusquedad, aunque no por parte mía, que así lo hubiera hecho, sino porque frente a mi vehemencia hispánica, ella, Isabel, coloca su pragmatismo oriental, y entonces a un grito mío, a una alta voz mía, contrapone ella el silencio de su lejana filosofía, y eso es algo que me amarga aún más, porque la falta de discusión, o de diálogo, acelera incluso muchas veces el proceso del divorcio y más aún los caracteres se van haciendo cada vez más diferentes... yo olvido muchas veces y a esto quiero darle toda la importancia que el hecho tiene, que Isabel, aunque viva en Occidente diez años, ha nacido, ha vivido, se ha criado, ha

148

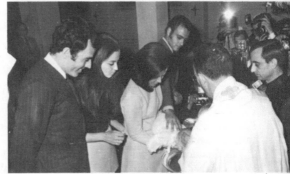

El matrimonio Iglesias en el bautizo de su hija Chaveli. Les acompaña, entre otros familiares y amigos, su hermano Carlos Iglesias.

comido durante veinte años en el Oriente... y eso entonces no quiero saberlo, no quiero entenderlo. Y por otro lado, pues, yo viajo mucho, cada día más, no sé si huyendo, pero de uno a otro sitio, cantando, más esclavo cada día de lo que es mi vida, cantar, y en esa preocupación ella se va despreocupando de lo mío, y se va abriendo el abismo. Hasta que los dos vemos que lo nuestro no funciona, o que por lo menos aquello funciona mal, no sé si la palabra es funcionar, pero lo que de sí estoy seguro es que es técnicamente lo que pasa. Hasta que de repente...

La llamo por teléfono un día desde Argentina, otra vez larga, larguísima distancia, y decido que lo mejor es...

Nuestro amor se fue

Y ella dice, tan lejos, que "bueno". De la misma forma que en dos minutos decidimos casarnos, en dos minutos transformamos nuestra vida. Separarnos. Unirnos y separarnos en una brizna de tiempo. Y también en el recuerdo digo: emocionarse seis meses para casarse. Emocionarse otros seis meses para separarse. La emoción siempre mandando en mi vida, en nuestras vidas. Pero de lo que sí estoy seguro es que sí hicimos lo que debíamos hacer. Sencillamente: nuestro amor se iba de una forma constante, rotunda, trágica.

Hoy puedo decir que el amor, este amor, se ha ido totalmente. Por supuesto que se ha ido. Aunque haya también quedado un gran recuerdo, la responsabilidad de esos tres hijos de los dos, y mi juventud, su juventud, nuestra juventud quemada y compartida juntos. Yo le di mi juventud a Isabel, Isabel me dio la suya, porque vivimos juntos un tiempo mágico: ella de los diecinueve a los veinticinco o los veintiséis, yo de los veinticinco o los veintiséis a los treinta y dos, la gran edad de la mujer y del hombre.

¿Si hicimos alguno, después de la ruptura definitiva, por acercarnos al otro? No sé qué decir. El amor dicen que es cosa de uno. Uno que quiere y otro que se deja querer. Puede valer quizá, más que como una frase hecha, como una realidad, pero en nuestro caso concreto –Julio-Isabel-Isabel-Julio– tiene que ser cosa de los dos.

¿La llama, el ascua, el fuego o la ceniza? ¿Qué es lo que queda además en este instante de estos cuatro símbolos del amor? Yo diría rotundamente que la llama por supuesto que no. El ascua sí, en función de que significa que ya no va a prender más. La ceniza... no. La ceniza es lo que no queda. No, ceniza, de este amor, nunca.

Queda, eso sí, un recuerdo cálido. Nos hablamos por teléfono de vez en cuando. Hay una relación de respeto y de cariño mutuo. Pero sobre todo de respeto y de silencio. Debemos hablar de nuestros hijos. Tenemos la obligación de hacerlo. Es el deber de los padres separados. Incluso nos hemos visto sin fotógrafos. Es probable que volvamos a vernos. En las fechas grandes, cumpleaños de los niños, por ejemplo, Isabel llama al teléfono y me los pone. Es la nuestra una relación civilizada. Yo leo lo que los periódicos dicen de ella, de su matrimonio, de sus viajes, de sus apariciones en público. Digo con la más sincera de mis voces que deseo que sea feliz.

¿El futuro? ¡Ah, el futuro! Isabel creo que tiene una vida segura, se ha casado de nuevo, tiene otro hogar. Pero yo no soy quien escribe el futuro. Ni ella. Ni nadie de este mundo tampoco.

Me volví casi loco

Sí, es cierto que cuando nos divorciamos, cuando nos separamos, tomé el trabajo como el tema prioritario de mi vida, me refugié..., sí, me refugié, porque el impacto fue grande para mí, yo quería mucho a Isabel, en lo que hacía. Me volví casi loco. Loco de ganas de olvidar todo lo pasado. Y grabo en inglés, y en francés, y en italiano y en portugués. Firmo contrato con la CBS, y convierto mi vida en un auténtico masoquismo porque me paso horas y horas para repetir una frase, porque esto que ahora canto tan fácil hace tres años era para mí un sacrificio, muy difícil, porque una ese en inglés no es lo mismo que en español, que en francés... Julio se divorcia en julio y en el avión mato mi dolor, de un sitio para otro. Ahora sí que huyo, canto hoy en Estambul y mañana, por ejemplo, en Zamora, y en Zamora, por ejemplo, una noche sufro un golpe enorme, psíquico, un golpe por dentro de esos que no dejan cicatriz en la piel pero que te hacen tanto daño. Veo que ya se está especulando con lo que canto... escucho, leo, que entro dentro del terreno de "que yo canto lo que me está pasando y que de ello me beneficio económicamente, artísticamente"...

Fue terrible. Sé que aún ahora se sigue diciendo. Isabel está en mis canciones, claro que sí, pero no está siempre ni en todas. Lo de que yo canto lo que me pasa para escalar, para llamar al corazón de las buenas gentes, me produce muchas veces una gran amargura, sobre todo cuando no corresponde muchas veces a la verdad, igual que me alegra mucho si lo que dicen es verdad y se han dado cuenta. A veces pienso que es mejor ocultar la verdad y decir la mentira...

Pero ¿por qué voy a mentir si no sé hacerlo, si se me nota? Los que viven cerca de mí, a mi alrededor, saben que no puedo disimular un enfado, ni una mala compañía, ni nada que me desagrade. Por eso me gusta tan poco el cine. No soy un actor, no sé fingir, se me ve a una legua. He perdido, por lo visto, me dicen, cosas muy importantes porque me muestro insoportable, inaguantable si tengo que decir, hacer, lo que no siento.

Es por eso por lo que si tengo que decir hoy algo muy concreto sobre esos siete años de infierno-cielo con Isabel diría esto, solamente eso:

–No me arrepiento.

¿Tener más hijos yo? Creo que he tenido tres, y no necesito más. No es un egoísmo por mi parte. Dos niños y una niña son suficiente para que un hombre se demuestre a sí mismo la fuerza incluso animal, egoísta, de su personalidad, aparte lo que es más hondo, aquello de la sangre, de la descendencia. De momento no quiero tener más hijos. No se puede, no se debe negar la vida a nadie, claro que no. Tampoco se puede nacer en un momento. Hoy, digo, escribo, firmo, que tengo tres hijos y que no necesito por hoy tener más. ¿Por qué digo esto? Porque quizá hoy no me siento enamorado... aunque quizá cuando el libro esté en los kioskos sí que lo esté... y entonces... No soy una veleta, pero sí una cometa que se mueve con el viento. Lo que pasa es que el viento lo veo venir, lo conozco. Yo no soy un niño ya, camino a los cuarenta, me miro en el espejo y ya veo a mi padre, al que tanto quiero, pero me veo casi como mi padre...

Lo único que tengo

También debía decir que no hay revancha en mi actitud de estas líneas anteriores sobre mi mujer y mis hijos. No estoy dolido "por aquello que pasó". No hay revancha, no; tampoco divorcio. Yo sigo mi camino, Isabel sigue el suyo, y yo me refugio en mi trabajo, que es cantar, porque de verdad, y lo quiero decir así, es lo único que tengo.

Y como es lo único que tengo pues no puedo eludir los recuerdos. Aparecen en mi obra, en mis canciones, como pinceladas sueltas, respondiendo a estados anímicos, a emociones, a algo que me trae un pensamiento lejano, a una fotografía, a un pellizco en el corazón. Pero no a un estado constante y enfermizo. Yo soy el artista que pinta, el escritor que escribe. En mí manda una emoción tres minutos, quizá cuatro, me dejo llevar por el sentimiento, soy humano, y lo traslado a mi creación en ese momento. Pero ya está. Puede ser que tres minutos más tarde todo sea totalmente distinto, y el viento me traslada a otro lugar. Y es de esta forma que por un dolor de tres minutos tan sólo, en el lienzo del pintor, en la página del novelista que escribe, o en el que compone una canción, como en mi caso, se quiere reunir todo un estado anímico, una actitud constante, una vida entera.

De todas formas, no se puede olvidar todo de un manotazo. Una vida no se cierra, sobre todo si se ha vivido intensamente, con sólo guardar el libro de las fotografías. No. Yo no soy un animal ni un frío. Muchas cosas de las que he escrito en estos tres años de separación matrimonial, está claro que tienen influencias de aquéllos, o de esto, pues claro que sí. Pero a veces debo decir que menos de lo que la gente se piensa, porque yo no soy sólo hoy, soy también ayer, y debo ser mañana. El mañana es lo que me está rescatando en muchas ocasiones de lo que creo que es un mar sin orillas.

Lo malo ya pasó. Y lo he pasado muy mal. He tenido depresiones muy fuertes en estos últimos años. Las han sufrido conmigo los míos. Ellos lo saben tanto como yo. De esta carne y de este hueso y de este músculo y este sentimiento estoy hecho y no voy a negarlo. ¿Por qué callar? Un hombre está hecho de triunfos y de fracasos. He tenido, sí, enormes depresiones, no he pensado en el suicidio, pero sí en la muerte. He caído en manos de los médicos, de los psiquiatras. Pero aunque sea duro decirlo, lo que más me dolía era el fracaso en sí. Más que ninguna otra cosa. Porque yo soy más que un ganador, más que alguien que no sabe perder, que sé, y está demostrado porque sigo adelante, yo soy alguien que tiene un enorme sentido del ridículo... No quiero equivocarme y sobre todo en cosas tan importantes. ¿Por qué me equivoqué entonces en eso? Ésta no es una profesión fácil. Esto es muy difícil, esto es lo que estoy; y ser un triunfador entraña un riesgo formidable: El de que uno no puede, no debe equivocarse. Y menos en una cosa tan importante como es el matrimonio, al menos como yo lo veo. Y eso me hace pasar al menos seis meses dificilísimos, los más duros de estos últimos años de mi vida, tanto como aquellos de mi parálisis parcial.

Caigo en una depresión constante, gravísima. En Caracas tuve que acudir a un psiquiatra que me ayudó mucho. Llegué a él haciendo cosas, sintiendo cosas, que ya no tenían sentido. Me metía un dedo en un ojo y no me sentía el ojo; tenía problemas psicosomáticos gravísimos, no sentía mis piernas, o, lo que es peor, la tocaba y no las podía palpar, los brazos no colgaban de mis hombros... un desastre que aún hoy me produce una sensación grande de decaimiento. En el escenario, cuando salía a cantar debía hacer un esfuerzo sobrehumano. El foco me perseguía como si fuera un animal enjaulado, había noches que no podía salir al escenario, y así muchos días, noches enteras en vela, un desastre. Volví al psiquiatra. Me escuchó despacio, me vio, y en la sencillez de sus palabras encontré la verdad, al menos lo que debía hacer inmediatamente para salvarme:

–Usted no tiene más que un enorme problema familiar. Pero debo decirle que es un problema gravísimo. Y eso sólo es usted quien tiene que resolverlo. Si no lo hace no respondo. Puede volverse loco... Usted y sólo usted tiene la curación, su curación, en la mano.

–¿Pero cómo curarme, doctor?

Estaba angustiado, roto. No podía entender, además que en "sólo un problema sentimental", en mi problema, radicara todo aquello que ferozmente me estaba aniquilando.

–Debe sobreponerse a usted mismo. En este momento usted es su peor enemigo, señor Iglesias. Trabaje hasta el final. Ocupe su mente en lo que es su vocación. No hay otra medicina humana que pueda recomendarle. No deje tiempo, ni un solo instante, para que su cabeza piense en otra cosa que no sea lo que debe hacer: Cantar, viajar, seguir escalando esa piedra vertical que se ha empeñado en subir. Adelante, señor Iglesias. Lamento no poder darle la solución con unas píldoras o un descanso. Usted y sólo usted –me dijo el psiquiatra– tiene el remedio.

Mi remedio. Y lo hice. ¡Vaya si lo hice! Ultimo decisivamente mi contrato con la CBS y paso a una multinacional con todos sus defectos y todas sus virtudes. Pongo más alto, mucho más alto el plinto que debo saltar. Sé que mis discos ya deben estar hechos no para un continente ni dos, sino para todo el mundo. Viajo a Nueva York cien veces hasta conseguirlo. No era fácil. Y en dos años no hago otra cosa más que llenar mi cabeza de música, grabaciones, giras, estudios, idiomas, saltos de aquí para allá...

No hay sitio para otra cosa. Y si llega como una llamada, lo aparto velozmente, "no, no, adelante, adelante, Julio". Si dormía era soñando con lo que tenía que hacer mañana. Salían mis discos y nunca quedaba contento de lo que había hecho. El estado de creación era como el de gravitación, constante. Grababa, grababa... Y los discos se iban vendiendo mucho. Cada vez más. Aumentaba de una parte lo que era la onda, el brillo de mi producto, de mi canción, que siempre salió del último pliegue de mi alma... y en dos años conseguí grabar catorce álbumes. Sé que es un récord, casi una barbaridad. Pero en menos de treinta meses coloqué en el mundo entero todo lo que quería cantar, un puñado de canciones que ya de por sí habrían garantizado totalmente y llenado la vida de un artista.

Pero no he hecho más que empezar. El reto sigue, el palo está cada día más alto, y yo debo saltarlo. Estoy empeñado ahora en penetrar con todas mis fuerzas en este mundo anglosajón que todo lo multiplica y todo lo deifica. Admiro profundamente al pueblo americano en el que vivo, del que me empapo profundamente. Cantar en inglés va a ser muy difícil para mí, pero debo conseguirlo. No ha sido fácil, al menos hasta ahora, para un latino conseguir en plenitud este enorme mercado de costa a costa, pero quiero conseguirlo. Voy a conseguirlo, aunque muera en el empeño. Porque no sólo hay que cantar en inglés, hay que sentir en americano, llorar en americano, sufrir en americano, que te entiendan los norteamericanos, el pueblo más grande de la tierra, el pueblo más difícil del planeta. Ya hay señales inequívocas de que "el misterio Julio Iglesias va". Hace unos días en Nueva York me pedían autógrafos en plena calle muchachas rubias de Connecticut. Johnny Carson ha pedido una hora de mi noche para llevarme a su programa. No hace mucho, en el "Buenos días, América", de TV, me presentaron como el Sinatra español. Yo cuento esto con toda la sinceridad de la tierra. *New York Times* ha dicho no hace mucho que "hay en mi voz una calidad y una tesitura inusitada". Hace unas semanas he cantado junto a Plácido Domingo en la casa Stenway de los pianos, en Nueva York. Ha sido inigualable. Voy a cantar dentro de unos días en la fiesta que dan a la señora Reagan en Miami. Los primeros representantes de estrellas de Hollywood llaman semanalmente a mi oficina pidiendo "que cambie mi residencia", que vaya a la otra costa, a vivir a Beverly Hills. No es la primera vez que lo hacen. Y ya se está hablando sin que yo lo desee, sin que yo lo pida, sin que yo lo mueva, del nuevo Valentino, quizá el caso más fervoroso del clamor norteamericano hacia un latino desde hace tantos años.

No quiero esperar. Estoy dispuesto al gran salto. Voy a conseguirlo. Podría quedarme ya a vivir tranquilamente en Miami, de cara a la mar, viendo crecer las rosas azules únicas que tanto gustan a Liz Taylor, contemplando mi colección de cuadros de pintores americanos, sacando a pasear mis perros, o sencillamente viajando todos los fines de semana a Biminy, o a las Bermudas, donde me espera una casa blanca entre palmas reales y orquídeas inmensas y salvajes y donde además siempre habrá una bella mujer.

Cuando ardieron mis dos rolls

Pero quiero seguir adelante. Me halaga profundamente que un periódico de Los Ángeles acabe de publicar hace muy poco: "Sinatra va a cantar español, lo aprende rápidamente, porque sabe que Julio Iglesias va a cantar en inglés ya mismo." Es una cosa que me hace sonreír. Admiro a Sinatra profundamente. Frank Sinatra es la leyenda, es la historia, en el fondo es lo que a mí –cuando sea mayor, o quizá ya– me gustaría ser. Voy a ser como Sinatra. Ya lo están escribiendo por ahí. Y no siento rubor ni miedo al escribirlo en este confesonario.

Y me siento feliz de saber que he visto arder mis dos rolls el otro día. Ardieron de pronto porque se había incendiado la marquesina de fibra de plástico de mi casa. Estaban bajo ella, hacía calor. Ardieron enteros. Eran dos rolls formidables, impresionantes –el Rolls Royce es un coche que a mí me gusta mucho conducir con los pies descalzos o metido dentro de mi chandal deportivo–. Pues ardieron los dos, fue como una gran llama. Sólo quedó la matrícula de uno y esa mujer de plata, como un Oscar a la velocidad y a la elegancia, que llevaba sobre el motor el otro. Nada más, y los tapacubos. La dos cosas, como dos trofeos de la supervivencia, están ahí en el salón del billar, junto a los discos de oro, cerca de las caricaturas mías, de los libros de fotografías, de los nombramientos de honor de ciudadano y cosas de ésas.

Y digo que me gustó sobreponerme a eso, a los dos rolls convertidos en un montón de chatarra humeante, porque no sentí nada, porque eso ya estaba superado, porque lo que deseo –habiendo sido mucho conseguirlos– es más que eso, bastante más

Julio Iglesias con su mujer e hijos al regreso
de uno de sus viajes a Filipinas en enero de 1974.

«Me gusta este retrato familiar.»

que eso, mucho más que tener dos espléndidos automóviles, quizá los mejores del mundo, en mi garaje.

Si ya era un sueño el que llegara a tener un rolls, ¿cómo no iba a serlo el tener dos?

Pues nada pasó. El fuego se los llevó y yo no sentí más que una cierta pena. Seguí adelante. Estoy mirando mucho más alto. Es más lo que deseo, aunque sé muy bien lo que me juego en ello.

Y de muchas formas, eso se lo debo a Isabel, a su estímulo lejano. Aunque ya no está dentro de mí su amor, ni el mío dentro de ella, creo. Por eso ya no me duele leer una entrevista que le hacen a ella lejos; por eso no me atormenta verla con un aire feliz, ni aun cuando sé que está con mis hijos y que mis hijos no están conmigo como yo quisiera, como sería mi deseo de padre. Pero pienso que también están donde deben estar con su madre y que su madre los cuidará y los educará formidablemente. Mejor que yo, quizá mejor que yo.

No puedo tenerlo todo

Muchos días me levanto decidido a traérmelos, a mis hijos, para siempre. Quizá algún día habrá que planteárselo en serio, pero luego pienso que están donde deben estar y que aquél es su sitio, y que tienen una madre y un paisaje y un lugar modelo donde crecer. He respondido días atrás a una pregunta clave que me han hecho para un programa de Televisión Española para todo el mundo hispanoamericano:

–¿Y no te gustaría sentir cerca de ti, escuchar crecer a tus hijos?

–Es verdad –respondí–, me gustaría ver, escuchar crecer a mis hijos. Que sean algo más que como un viento feliz que llega a mi casa, algo que llena de gritos de alegría y de juegos mi casa y que me obliga a cambiar la tapicería y las moquetas y las cortinas de mi casa, algo más que un juego de niños en el verano en las vacaciones... claro que es verdad, claro que quisiera tenerlos junto a mí, pero quizá todavía es pronto.

–Quizá mañana sea tarde, Julio. Quizá cuando tú quieras ellos ya estén lejos de ti.

–Quizá, quizá, toda mi vida está llena de quizá. Pero ése es mi riesgo, no puedo tenerlo todo. No debo tenerlo todo. Tal vez no quiera tenerlo todo. Jamás voy a tenerlo todo, eso sí lo sé. A eso ya estoy resignado.

Porque además yo he llorado mucho por Isabel. Sí. No me avergüenza decirlo. Sí, sí, sí. Y he reído con Isabel, y con ella, y por ella. Jamás de ella. La historia de Isabel junto a mí, o mía junto a Isabel, ha sido apasionada, emocionante, sincera, joven rabiosamente joven, ardientemente joven. Porque Isabel es una criatura apasionada aunque no lo demuestre al principio. Es apasionada y es apasionante. La nuestra ha sido una historia con luces y sombras como la de todos los seres humanos que se han querido, más que se han querido, que se han entendido. La nuestra ha sido una historia creativa. Y la creatividad es para mí, y lo va a seguir siendo durante mucho tiempo, la respuesta más bella que tiene el corazón al sentimiento. Es decir, la mejor respuesta de la cabeza al corazón. Es el diálogo perfecto y apasionante. Encendido. Cuando una pareja por una u otra circunstancia hace que los dos sean creativos, se comuniquen fuertemente, se contagien, salte la chispa, el arco voltaico entre los dos, el amor se ha consumado. Eso es importantísimo.

Si me preguntan, por otro lado, una vez que se sabe bien, que lo acabo de contar hasta el último rincón de mi alma, "lo que yo he recibido de Isabel, lo que Isabel ha significado para mí", si me preguntan, digo "qué es lo que yo he dejado dentro de Isabel... lo importante que yo he sido para ella". No puedo decirlo. No estoy dentro de su piel. No lo sé. No sé lo que he dejado dentro de mi mujer, de mi ex mujer. Sé que la he respetado muchísimo, que siempre he sentido y siento un gran afecto por ella, y que hasta ahora al menos de esa forma no he encontrado paralelo en ninguna otra mujer de las que encontré en el camino de mi vida.

No me duele decirlo. ¿Por qué me iba a doler decirlo?

No estoy enamorado de Isabel

Y además hay algo mucho más importante, no me molesta hablar de Isabel, ni que me hablen de Isabel. Pero sí quiero confesar de una vez por todas que no sigo enamorado de ella. Tengo un profundo sentimiento por ella, por la madre de mis hijos, un recuerdo bonito, pero no existe ni una gota de amor mío hacia ella.

También creo que puedo asegurar que "tampoco hay una brizna de amor en Isabel hacia mí. Ya no queda". Aunque a veces me digo a mí mismo, en las pocas veces que pienso en esto, concretamente en esto:

"Julio, amigo mío, tú puedes hablar por ti, ¿pero quién puede hablar por los demás? ¿Cómo hablar yo por ella, desde el fondo de ella misma?"

Todas las señales dicen que esto se acabó. ¿La vida puede volver a ponernos a los dos en el mismo camino que antes?

"Puede, claro que sí."

¿Pero volvería a ocurrir aquello, Julio Iglesias?

Estoy absolutamente seguro de mí mismo al decir: nunca. Jamás.

No obstante si alguien me dijera en este instante: "Dime un nombre de mujer", yo diría sin pensarlo dos veces:

—Isabel.

Pero ahora ya no me refiero a Isabel, mi mujer, mi ex mujer, la madre de mis hijos. Sino a mi hija. Diría mejor, es otra Isabel, es Chaveli, la niña-mujer de mi vida.

¿Y después?

Voy preguntándome y respondiéndome. Sé que hay gentes que me siguen en todo el mundo, que quieren asomarse a ese pozo que parece sin fondo de mi vida. Yo tengo más cosas que contar que todo lo que haya en torno a un nombre de mujer, aunque sea Isabel su nombre. Por eso digo que hay una segunda Isabel en mi vida y ésa es Chaveli, mi hija.

Mi hija, que ha heredado, naturalmente, no faltaba más, el cincuenta por ciento de mi mujer. Así es. Pero también el cincuenta por ciento de su padre, mío. Chaveli se comporta emocionalmente como yo, es mi cincuenta por ciento, hacia dentro, pero en el gesto exterior es como su madre. Es en el gesto, en la forma de estar, igual que su madre. Pero por dentro, lo digo con alegría, con profunda alegría, es como su padre, como soy yo.

Además de Chaveli están mis otros hijos, a los que quiero tanto. Mis dos hijos varones. No tienen ningún trauma con su padre. No tienen problemas conmigo. Saben bien quién es su padre y cuál es su profesión. Saben cómo soy y lo aceptan. Y además me admiran mucho y yo se lo noto y me siento feliz de que me admiren. Soy en esto el padre más feliz del mundo. Y cuando veo cantando en el escenario u oigo que esa gente que me aplaude, que me grita, sabe que me encuentro solo, y que conocen a fondo mis problemas —claro que nunca del todo—, yo comulgo con ello, acepto mi condición de hombre público aunque me duela y aunque en el fondo sepa, como sé, que la gran verdad, esa gran verdad definitiva, se va siempre a la tumba porque nadie confiesa toda su verdad jamás en la vida. Formará parte de mi ropaje para la muerte, de mi sudario, aunque no me gusta mucho la palabra. Tengo un derecho insoslayable a quedarme con esa última verdad que yo sólo sé.

No me pregunten por qué. Ese misterio quiero que venga conmigo a la tumba. Ni siquiera aparecerá en las memorias definitivas, esas que se escriban luego en el umbral de la muerte, a los noventa años, con una manta entre las piernas o navegando por aguas del Caribe rodeado de muchachas a lo Harold Robin. Tengo derecho a tener algo para mí, sólo para mí. Quiero gritar a los cuatro vientos:

–¡Hay algo que no diré jamás, a nadie!

¿Que sea referente a mi amor, a mí mismo, a Isabel? ¡Qué más da! Es una cosa mía, y sólo mía. No hay libro de memorias que lo diga todo. Mienten los que dicen, por importantes que sean, que han vomitado todo, desde la raíz del pelo hasta la punta del pie. Mentira. Por eso sé que algo se queda conmigo. Quizá no sea tan importante para nadie, y sólo lo sea para mí. Pero es mío. ¡Mío! Es eso que me protege cuando salgo al balcón, estoy hablando en símbolos, y me disparan desde todas las direcciones. Es mi chaleco antibalas, pequeño, débil, casi frágil, pero mío. Mi escudo. Y por otro lado a mí lo grande me amansa y lo pequeño me espanta. Dejaría de ser español como soy si no sintiera de esta forma. Además es una virtud muy gallega. Las cosas grandes no me asustan, o me asustan menos, porque las puedo dominar mejor, y la cosa pequeñita me hace mucho más daño. No sé si he dicho que, en el combate abierto, que me echen una rata antes que un tigre. Con un dardito pequeño me pueden hacer una herida grande que se pudra, que se gangrene, mientras que quizá con una herida enorme lo mejor es operar y rápidamente, porque sabes que es peligrosa, y punto. I-sa-bel... ¿no? Pues debo decir que ha dejado una historia de amor colgando de mi vida, me ha hecho padre, me ha hecho más artista, y ha sido todo ese tiempo más positivo que negativo. Ésa es la verdad. Ha sido la primera piedra. Menos los seis últimos meses, que fueron de infierno.

Para compensar, que no todo va a ser malo, ahí está la segunda Isabel, mi hija, Chaveli. Por eso he escrito esa canción para ella, la merecía, se la había prometido, me la había prometido. Me dicen, y quiero reincidir en ello, que no es bueno que yo haga importante, famosa, a mi hija, desde tan temprana edad. Y yo les digo a los que me acusan que más peligroso es que te desconozcan a que te conozcan. Y a mí se me cae la baba con mi hija...

161

Gentes que me quieren, creo, que están a mi alrededor, que sé que me quieren de verdad, no puedo decir creo, porque si no no estarían, que yo no soy una persona fácil –y en el mismo día estoy triste y alegre al mismo tiempo–, dicen que no hablo tanto de mis otros dos hijos como de Chaveli. Es que son más pequeños, es que los he conocido menos. Los he tenido menos tiempo conmigo, cerca de mí. Es distinto, por ejemplo, del caso mío para con mi padre, que me ha tenido junto a él treinta años de su vida y es por eso por lo que yo el otro día contestaba ante el asombro de alguien a una pregunta que me hacían sobre "a quién quería más, si a mi hija o a mi padre" y yo respondí sinceramente, rápidamente:

–A mi padre, porque a él le queda menos tiempo de vida.

Muchos pueden creer que cómo me gustan las frases hechas, que suenan bien, y que ésta puede ser sólo una frase, pero no es así, nada más lejos de la verdad, es cierto. Son cariños muy diferentes los que van de padres a hijos, que de hijos a padres. Parecen igual ¿no? Pero no lo es. A mí me encanta desmenuzar las cosas, estudiarlas, pensarlas mucho, hasta el final. Hasta que no haya pregunta ni respuesta. El cariño de padres a hijos está exento de egoísmo y el cariño de hijos a padres es mucho más egoísta, por supuesto. Cuando un padre quiere a un hijo, lo hace gratis, y cuando un hijo quiere a un padre, muchas veces es menos gratis por supuesto. O sea que si en estos dos temas, que en el fondo es uno solo, tan importantes debo decidir entre los dos amores, mi padre o mi hija, prefiero, por ejemplo, así de lisa y llanamente, que me maten a mí.

Me ocurre con frecuencia que entro dentro de ese terreno pantanoso de la filosofía personal. Pero así soy yo. Y esto es lo que quiero retratar en este día.

Aquí ha empezado a llover, como cae el agua en el trópico. Fuertemente. Los barcos pasan haciendo sonar las sirenas, las gaviotas llevan las alas mojadas, hoy –contándoles– he pisado más de la cuenta la cola del tigre.

Fumo poco, pero he pedido a Rubén, el joven mayordomo chileno, que me traiga un cigarrillo. Sólo uno. Y además siempre lo enciendo con ese mechero de lapizlázuli que tengo sobre la mesa, junto a la caja de la misma piedra preciosa que hay quien dice que trae mala suerte, pero a mí me gusta. Porque hay cosas que son buenas para unos y malas para otros. Vino conmigo de Chile, donde me lo regalaron por cantar a beneficio de algo, y aquí está

«Le debo mucho, y bueno.»

siempre, sobre esta mesa. Cada vez que enciendo esta llama o abro esta caja llena de cigarrillos que luego no me dejan fumar, la verdad es que una bocanada del Chile de siempre me llena los ojos.

La que va de puntillas

Y además *la Flaca* atraviesa la habitación cerrando las grandes cristaleras. No he sido verdaderamente generoso si no he dicho que otro nombre de mujer, ahora mismo, además del de Chaveli, es el de *la Flaca*, que por otro lado ya es más que un rumor en Hispanoamérica. La pobre no puede salir ni a la puerta de su casa en Venezuela, porque la espían fotógrafos y camarógrafos de todo el continente. Y además ella, con sus hermosos ojos claros, los ve, escondidos, y entonces piensa que lleva una media caída, si es que va a jugar al tenis, o mal hecha la trenza rubia de esa mañana. Y vuelve, porque sabe que es vigilada por esa centinela del teleobjetivo, y se arregla para salir a la calle como debe salir alguien "tan importante en la vida de Julio Iglesias, el gran mito de América".

La verdad es que la quiero mucho. Vuelve a pasar ahora con los cascos de la música estereofónica puestos en las orejas. Es para mí una gran compañera. Me acompaña mucho en los momentos difíciles. No es que alimente mi vanidad que la tengo con su admiración rotunda, y constante, sino, aunque nos peleamos mucho como dos jóvenes enamorados, sino que... está a mi lado. Nadie hay que encienda más mi éxito –eso que se llama mi éxito– que el calor del público. Y tanto es así que no cambiaría ninguna mujer por lo que quiero. Porque no puedo cambiar por nada en el mundo, con nada de este mundo, mi circunstancia; sería injusto con mi propio destino. Tengo absoluta, total devoción por lo que la vida me ha dado igual que por lo que la vida me ha quitado, e igual que no creo del todo en el destino, sí que creo en las circunstancias, y si en eso radica mi secreto, en cantar y en cantar cada vez más y mejor, yo no voy a perder esa oportunidad. En ese privilegio, puesto que soy un ser privilegiado, está mi cruz, y la acepto. Va a venir conmigo mientras viva.

De ahí que esté siempre tan cerca del cielo como del infierno.

–¿Siempre?

–Siempre no. Es a ratos, pero sí estoy más tiempo en el sufrimiento, en la soledad, que en la participación plena de la alegría. Todo lo estoy haciendo en grande en este momento. Lo malo, peor que nadie, ésa es la verdad. Y cuando estoy bien, mejor que nadie...

¡Pero ay si estoy mal! Me siento, y estoy entonces peor que nadie en este mundo. Lo que hago mal, lo hago mal, mal mal, diez veces mal. Insuperablemente mal. No tengo término medio.

Estoy al acecho

Incluso ahora en este momento de los treinta y siete a punto de cumplir. No me quito años. ¿Por qué habría de hacerlo? Incluso ahora me encuentro en un momento importante, decisivo, en un compás de espera. Al acecho. Escondido como un tigre. Estoy esperando que algo va a pasar importante y voy a saltar sobre ello con todas las fuerzas, con todas mis ganas, no se me irá esa presa de oro, no. Y por otro lado parece que es típica en mí esta actitud, de siempre. Quizá lo que pasa es que en estos años lo que va a cruzar por delante de mis ojos es una pieza grande, la más grande de mi vida. Pero al mismo tiempo de esta actitud de jaguar expectante, ubico todas las cosas, las pienso, las detallo, las comparto en mi cerebro.

Está claro, no se asusten, que soy un tipo difícil, eso que se llama un personaje extraño, pero así soy.

—¿Que cuál es esa presa simbólica que va a aparecer, que está ya asomando su hocico de plata en mi terreno? Pues es la universalidad. Y no me río ni me sofoco al decirlo. Ése es mi infierno. Y no mi gloria, como podría parecer. Eso me va a atar aún más a este carro de fuego, me va a llevar más rápido y más lejos, ya estoy a punto de saltar sobre él. Creo que hace tiempo decía a los amigos más íntimos:

—¿Yo? Sólo quiero la universalidad y mis amigas de urgencia.

Ahora sólo deseo lo primero, aunque sé que en ello va mi corona de espinas. Porque cuando tenga eso, ¿qué voy a querer entonces? De un sufrimiento íntimo surge siempre mi propia voz que me grita:

"Julio, ¡arriba! ¡Arriba, Julio!"

Porque el hecho cierto es que de cualquier drama que me ocurra, por pequeño que sea, surge en mí el deseo de emulación, todo por malo que sea me mejora, nunca me empeora, y sé que vuelvo así otra vez al terreno del masoquismo y de la paradoja.

Cuando yo me quedo paralítico, y sólo muevo un dedo, no me quedo tranquilo con eso, que ya era un triunfo, si no que deseo mover todos, no me abandono nunca, acaso un segundo, ni un día completo puedo decir que me dejé a lo que fuera, siempre hubo un instante de luz y de fuerza, de afán de superarme. Mi voluntad está entera, lamento no parecerme al árabe que tiene el alma de nardo de la poesía de Machado. No. Todo es en mí un milagro de voluntad. Y el caso es que no es una voluntad de hierro, sino una voluntad biológica, animal, como lo de mi intuición... Y tampoco podríamos decir que es mi instinto natural de supervivencia, sino de algo mucho más simple, de superación, que no es lo mismo. Lo de la supervivencia lo siento sólo cuando me estoy ahogando, que salto hacia adelante. Por otro lado, no tengo necesidad de supervivir a nada, ni de nadie, a no ser de mí mismo. Yo lo que debo hacer es superarme.

Me han preguntado en muchas ocasiones, yo diría que siempre, cuando encuentro alguien que tenga tiempo de hacerme una entrevista de más de treinta minutos:

–Pero usted ¿cree que canta bien?

–Yo cantaba mal, muy mal. O al menos cantaba simplemente mal.

–¿Y ahora?

–Ahora mejoré. Ahora canto bien. Otra cosa es que yo le tenga que contar en pocas palabras el secreto de mi éxito. No lo sé. Me asusta a veces. Pero hay quien dice que es la magia. Pero antes no sólo cantaba mal, me movía mal, luchaba contra mi propia imposibilidad física...

Porque mi cuerpo es un cuerpo herido, profundamente herido, un cuerpo que ha recibido lo que yo llamo un tiro submortal... y sin embargo mi solo esfuerzo, ese afán de superarme, es lo que me ha hecho llegar donde estoy. Otra cosa es lo de cantar... ahora, bueno, canto menos mal que antes... No hay más que oírme.

Benidorm es algo más que un lugar en el mapa de España, al menos para mí. Podría decir que, si nací por segunda vez después de mi accidente en aquel camino polvoriento de Castilla, al regreso de aquellas fiestas de pueblo, cuando vuelca mi coche en septiembre, Benidorm es realmente mi tercer lugar de nacimiento, porque ahí, otra noche, también en la madrugada, doblada ya la noche, es cuando nace, al menos a la gente, a la música, Julio Iglesias.

El cantante Julio Iglesias quiero decir.

Yo acabo de regresar en junio de Inglaterra, donde había estado estudiando durante algún tiempo. Cambridge aún sonaba en mis oídos muy bien. Creo que hay fotografías mías con bombín y paraguas de los tiempos de Londres. Es más, traía en mi chaqueta blasier azul el escudo de Cambridge. No todo el mundo iba a Cambridge a estudiar. Yo había escrito ya *La vida sigue igual.* Y nada más regresar la envío a la Columbia, la compañía de discos española, quien a su vez la envía al Festival de Benidorm. Tenía entonces este Festival una fuerza enorme. La misma compañía de discos que se había sentido interesada por la canción, por su factura, por como estaba hecha, tenía también la idea de que yo la cantara. ¿Por qué no? Yo había pedido a la compañía que fuera otro el que la subiera al escenario, que yo me sentía lo suficientemente feliz sólo con haberla escrito. Ya era bastante, además, ir a Benidorm como autor. ¿Para qué más? La compañía, sin embargo, me dijo seriamente:

−No te preocupes, muchacho. Tú la cantarás también. No estés nervioso. Todo va a salir bien.

Y debo decir que había que enviar la canción al Festival para que el jurado la permitiera salir adelante ya grabada. Así que ahora cuento en voz alta y por escrito que la tuve que grabar en aquel estudio, sentado en una silla, y no porque me doliera la espalda, sino porque me sentía tan nervioso que creía morirme. No aguantaba el peso de mis propios huesos. Era la primera canción que grabbaba en mi vida. Lo recuerdo ahora y siento como una lejana lástima de mí. Pero lo hice.

Además la historia en sí de la canción *La vida sigue igual* tenía mucho que contar. Era una canción con cosas dentro. Todavía sigo pensando que ha sido para mí mucho más que la primera canción, o una canción más. Ha sido un acicate, un estímulo constante. Era un himno a "que hay que seguir" que todavía escucho en muchas ocasiones por dentro de mí. Es una canción que no pierde sentido ni actualidad, porque es un paso adelante.

La escribí en mi casa de Madrid, con aquella primera guitarra regalada, cuando me reponía del accidente. Aún movía mal mis piernas tan débiles. Yo la tenía muy en la cabeza, la había parido lentamente, y la verdad es que la fui destripando, eso es, destripando poco a poco, despacio, con un cierto dolor, pero con fuerza.

Hasta que salió del todo. Después la terminé, le puse punto final en Inglaterra en la Universidad. Allí me decían insistentemente mis compañeros de habitación, de estudio:

–Debes cantarla tú, es una canción muy bonita.

Lo cierto es que la tenía y que gracias a Antonio Villegas, que me dio muchos ánimos, la pude escribir del todo y grabar con mi propia voz. Por aquel entonces yo cantaba cosas, por ejemplo, del Festival de San Remo. Con *La vida sigue igual* había acudido a más de una casa de discos y de una forma discreta me habían cerrado la puerta. Creo recordar ahora que en más de una ocasión con una cierta sonrisa despectiva:

–¡Pero qué se habrá creído este joven elegante!...

Pierre Baldí, que hoy es realizador jefe de la Televisión Trece, canal nacional de Costa Rica, tiene un testimonio histórico. Él conserva la primera prueba documental de "una prueba mía discográfica". Sé que le han ofrecido un buen puñado de dólares por ella y sé que Pierre, que es un viejo amigo, no acepta ningún ofrecimiento. Debe dar pena escucharme. Y es que con esa prueba iba por ahí, con mi ilusión bajo el brazo, todavía sintiendo la alegría de que ya podía sortear los coches sin que me atropellaran, recién estrenada la sensación de que mi equilibrio era de verdad como el de los demás, que no me vendría al suelo con estrépito y entre la rechifla general. Y debo decir que es algo que todavía siento, aún hoy, muchos días, cuando salgo a la mitad de un escenario.

Historia de una canción

Era entonces la época fuerte de Karina, y de Miguel Ríos. El tiempo brillante de Los Bravos. Columbia mandaba en el mercado, daba oportunidades, tenía los mejores, así que a Columbia. Hispavox, que era una compañía en la que yo había firmado anteriormente, me había ofrecido una carta de libertad. ¡Podían cantar mis canciones, en cualquier sello, cualquier cantante, pero yo no!

Total, llega Benidorm, diez días antes grabo el disco. Y adelante.

Hoy ya la conoce medio mundo:

> *Unos nacen, otros morirán,*
> *unos que ríen, otros llorarán,*
> *aguas sin cauce, ríos sin mar,*
> *penas y glorias, guerras y paz.*

> *Siempre hay por qué vivir,*
> *por qué luchar,*
> *siempre hay por quién sufrir*
> *y a quién amar.*

> *Al final las obras quedan,*
> *las gentes se van,*
> *otros que vienen las continuarán...*
> *la vida sigue igual.*

> *Pocos amigos son de verdad*
> *cuantos te halagan si triunfando estás*
> *y si fracasas bien comprenderás,*
> *los buenos quedan, los demás se van.*

> *Siempre hay por qué vivir,*
> *por qué luchar,*
> *siempre hay por quién sufrir*
> *y a quién amar.*

Al final las obras quedan
las gentes se van,
otros que vienen las continuarán...
la vida sigue igual...

Pero ¿la vida sigue igual?

Hoy la repaso de vez en cuando y no quiero cambiar nada de la letra. Es válida.

Está en su momento. Para mí, más que nadie, pero también para todo aquel que se plantee ser algo en este mundo.

Enrique Garea, que ha sido una persona muy importante en mi vida musical, una vez enviado el disco me dijo:

—La canción ha sido aceptada. Vas a ir tú representando a la compañía con tu canción y un chico nuevo como tú que se llama Manolo Otero y que tiene una buena voz, como Sinatra, pero en joven.

Yo tenía entonces un pequeño automóvil, un seat ochocientos cincuenta, con el que nos fuimos a través de La Mancha a Benidorm. Hacía un calor tremendo. Y además el coche se calentaba muchísimo. Tuvimos que hacer en el camino no sé cuántas paradas. Había veces que a cuarenta grados, a la altura por ejemplo de la Roda, en las tierras de don Quijote, teníamos que poner además, con las cuatro ventanillas abiertas, ¡la calefacción!, para que así el coche se refrigerara un poco. Pero todo sea por el éxito, por el triunfo, por la gloria. Los cuatrocientos cincuenta kilómetros que separan Madrid de Benidorm los tuvimos que hacer poco menos que en un día entero. Fue un desastre. Llegamos a Benidorm a las seis de la tarde, todavía con el sol en lo alto y las playas llenas de gente que se bañaba.

Pero nos fuimos directamente al pabellón donde distribuían a los artistas en los hoteles. Parece que lo estoy viendo ahora mismo.

—Somos Manolo Otero y Julio Iglesias.

—¿Quiénes decís que sois?

—Manolo Otero y Julio Iglesias, de la compañía...

Miraron en una libreta grande que había sobre la mesa al aire libre.

—Ah, sí, sí...

—¿Y cuándo ensayamos?

—Mañana mismo, por la mañana.

Documento inolvidable: Julio Iglesias tras ganar
el Festival de Benidorm con «La vida sigue igual».

«Es hermoso verse con tantos miles de personas alrededor.»

Yo me atreví a preguntar algo que me atañía directamente:

—¿Y yo en qué puesto voy? ¿En qué lugar canto la noche de mi canción?

—Canta usted, a ver, a ver... en primer lugar. Conque ánimo, muchacho, ánimo, joven, y adelante.

Recuerdo que en alta voz, se me escapó sin querer, exclamé:

—Me cago en mi padre.

—¿Cómo dice?

Manolo Otero me echó una mano sobre el hombro.

—No te preocupes, hombre; mejor, el mal trago, cuanto antes.

De todas formas, fuimos al hotel y nos bañamos en el mar. Algo es algo, y más después del viaje tan perro que habíamos pasado. Además todo aquello era un mundo nuevo para Manolo y para mí. ¡Después, cómo pasa el tiempo! Nos hemos ido encontrando por esos mundos cada uno ya encima de su caballo, cantando, interpretando, muchas veces en América... y continuamos siendo buenos amigos. Pero aquella noche dormimos mal, la verdad. Yo llevaba dos trajes conmigo. Uno azul y otro blanco. Ya me gustaban los colores únicos. La ilusión, a pesar de los nervios, no se agotaba fácilmente. Era en el fondo lo único que teníamos.

El ensayo de la plaza de toros

Y a la mañana siguiente a ensayar. Calor, nervios, pero todavía aunque había mucha gente no era el momento definitivo. El ensayo era en la plaza de toros, llena de sillas vacías, ya con el preclima del gran acontecimiento. Estaban las niñas del trío La-la-la, que venían aquel año con el reciente triunfo de Massiel en la Eurovisión y eran realmente unas triunfadoras. Merche, María Jesús, la pequeñita... Me ayudaron mucho. Sentirlas tras de mí era como si aquello fuera ya una garantía del éxito que buscábamos. Y la verdad es que ensayamos, tranquilos. *La vida sigue igual* sonó bien, los micrófonos no fallaron y nadie levantó la cabeza de lo que estaba haciendo.

—Por lo menos no me han lanzado nada al escenario.

Hasta que llegó la noche. Treinta y seis horas más tarde. Yo acudí de blanco a la cita con la gloria. Era una de esas noches calientes, húmedas, mediterráneas; yo lo conocía bien ese cielo de Peñíscola, que está algo más arriba en el Mediterráneo, pero aquella noche las estrellas brillaban para mí de forma muy distinta. Todo era, claro está, diferente.

Parece que lo estoy escuchando:

–Primera canción: *La vida sigue igual*. ¡Letra y música de Julio Iglesias! Canta... ¡Su autor!...

Hubo un espacio como de tres minutos que no pude salir al escenario. Aquello era demasiado para mí. Enrique Garea, que estaba a mi lado, me empujó. Yo salí "medio tropezando". Insisto en que esta sensación he vuelto a sentirla alguna otra vez, y es como si unas manos fuertes que me atan al suelo, como unas raíces que me atornillan, algo que me espanta, que obliga a estar sin moverme, sin fuerza, pegado al otro lado de las bambalinas.

Pero lo hice. La música empezó. Sonaba bien. Dios mío, ¿pero esto es mío?... ¿Qué hago aquí? Quizá en un flash recordé aquel día que escuchando en la radio el Festival de Benidorm, con mis piernas muertas después del accidente, abrazado a la guitarrilla regalada le había dicho a mi madre:

–¿Ves, mamá? ¿Oyes? Pues yo algún día ganaré ese Festival.

Mi madre acarició el perro *Rock*, nuestro viejo amigo de siempre, y me miró penosamente al fondo de los ojos.

¡Pues no iba a cantar!

Eso lo pensé en un instante, saqué la voz del fondo de mi alma y canté. Claro que canté. ¡Pues no iba a cantar! Me metí las manos en los bolsillos, esas manos con las que la crítica se ha metido tanto, esas manos con las que generalmente, hasta que encontré el bolsillo y el corazón, hasta que no pasó el tiempo, no sabía qué hacer, y empecé a cantar suavemente, casi en un murmullo de mimo:

–Siempre hay por quién vivir, por quién luchar...

Hasta el final. No me equivoqué. Aplaudieron. Buena gente. Volví a la sombra de la trastienda como sonámbulo. Manolo Otero me abrazó. Alguien me dijo, pero yo entendí que era por piedad, porque había que decirlo:

–Has estado muy bien. Enhorabuena.

También los hubo que fueron más directos:

–Es una canción formidable.

Total: después de diez canciones volvieron a defender mi canción ahora Los Mitos. Me gustó escucharlos. Y también aplaudí con todas las ganas del mundo a mi compañero del largo viaje, al que más sudó conmigo en La Mancha, a Manuel Otero, que estuvo formidable. El día dieciocho, ya en la final, me tocó cantar en el puesto noveno, pero ya estaba como más hecho, diría yo que más curtido. Y eso sí que lo estoy sintiendo ahora mismo, sé que en ese momento, consciente de que era mi tren el que pasaba, y eso siempre que lo pienso que veo pasar me aprovecho, me hizo salir solo al escenario diciéndome con fuerza bajo la camisa:

"Ésta es mi oportunidad. No la dejaré marchar. Es mi momento."

No podía desperdiciarlo. Y no lo hice. Ya estaba clasificado para la finalísima otra vez. ¡Adelante, Julio, adelante! Ahora las piernas no me temblaron. Era consciente, por un extraño mensaje interior, luminoso, esa rara luz que a veces me guía y me aguanta la peana, que "había que darlo todo". Así que saqué la voz del fondo de los testículos, del hígado, del alma.

Y canté. Como si fuera un toro, con toda la fuerza que tenía y la que Dios me prestó para aquel momento.

Dos horas después el ganador absoluto del Festival era yo con *La vida sigue igual*. Me quedé alelado, como una planta, en un rincón. Recuerdo que me hicieron en aquel precioso momento dos entrevistas. Una, para el canal trece de Chile, de la mano de Raúl Matas, al que siempre le he conservado el impagable recuerdo de "aquella primera vez". Y además Miguel de los Santos, para España. Aquella noche dormí mal. Bueno, no dormí. Los fotógrafos me sacaron muy de mañana del hotel para hacerme unas fotografías por las calles de Benidorm. Estarán en los archivos de los periódicos. Todavía no me daba cuenta de lo que estaba pasando conmigo. Me fui a dar un abrazo a Ricardo Zamora, mi ídolo, el portero mítico de toda mi vida, aquel que siempre soñé en emular cuando fuera mayor, antes del accidente, el portero internacional, la leyenda con un jersey alto y una gorra de visera que además veraneaba en Benidorm.

El más grande. Creo que fui a decirle:

–¿Ve usted, maestro, don Ricardo? Lo que no conseguí en el fútbol voy a intentarlo en la música.

No me gusta el éxito solo

Pero ni yo me lo creía. Así que, en cuanto pude, tomé el cochecillo y me fui a Peñíscola, kilómetros más arriba, donde veraneaban mis padres. La verdad es que aquella mañana habían leído en la prensa que un tal Julio Iglesias –abogado de profesión–, un chico nuevo, había ganado en el Festival, pero en el fondo no se lo creían, o no querían creérselo. Ni mis padres ni, por supuesto, mi hermano Carlos.

–Pero cómo, Julio, ¿que tú...?

Yo sólo sabía, por otro lado, que tenía alrededor de ciento cincuenta mil pesetas en el bolsillo, digamos que unos tres mil dólares de entonces, sabía que además tenía una estatuilla preciosa en el maletero de mi coche, y que lo que pensaba mientras recorría los primeros kilómetros del triunfo, camino de la ciudad del castillo del Papa Luna, donde tomaban el sol los míos, es que debía ir a compartir mi triunfo, mi éxito con mi novia en París, con Guendoline. Porque lo cierto es que siempre quiero compartir el éxito con alguien. Alguien que está muy cerca de mí. Creo que si lo voy a disfrutar solo no merece la pena. Quiero verlo en el fondo de los ojos de los que me rodean, y más ahora que antes. Mi triunfo, si es que lo tengo, lo quiero saborear con los que están a mi lado. Por eso les pregunto tanto ahora.

–¿He estado bien? ¿Estás seguro que lo he merecido? ¿He gustado? ¿Es verdad que dicen que estuve como nunca hasta ahora?...

Y no es otra cosa que la necesidad de compartir la gloria, por efímera que sea. El fracaso, no. Si lo tengo, que los tengo en muchas ocasiones, deseo morderlo, sentirlo, paladearlo yo solo.

Dije a mis padres que me iba a ver a mi novia a París. Ya tenía aquel dinero, el triunfo en el bolsillo, los periódicos habían hablado aquella mañana de mí, y yo era un joven abogado que había vuelto de Cambridge y que hablaba un inglés lastimoso pero válido. Mis padres me dicen que sí, sin creerse del todo lo del premio, y yo vuelvo a Madrid, donde subo al primer avión que sale para París, y Guendoline me espera en el aeropuerto. Aquello era maravilloso. No creo que exista una imagen de triunfo mayor que la de aquel joven madrileño que llegaba a la capital de Francia con algún dinero en el bolsillo –entonces era mucho dinero– y aquella hermosa novia esperándote al otro lado de la aduana.

¡Viva la vida! Eso no se da más que una vez en la vida. Es un hecho irrepetible. No volverá a ocurrir jamás. Y además, Guendoline, vuelvo a insistir, era una preciosidad de mujer. Llego a París y le digo a Guendoline:

–Nos tenemos que ir de vacaciones, a ver cómo lo hacemos.

Yo quiero escribir esto como lo siento, de un tirón, como lo narraría a un hermano, a un viejo conocido al que no hubiera visto desde mucho tiempo atrás. Y no quiero que tenga otros adjetivos que los justos, los que nazcan de esta página verdaderamente bella, inolvidable a todas luces, de mi vida.

—Guendoline, ¡vámonos!

—¡Pero mi madre no me va a dejar irme contigo!

Como dos recién casados

"Porque había cosas que..." Pero lo conseguimos después de mil problemas y peripecias. Le pedí permiso a su madre, que creo se acababa de divorciar por cierto del padre de Guendoline. En aquel momento dramático y trascendental para la familia de Guendoline aquello era muy fuerte, pero el amor lo es más y lo conseguimos. Decir después que íbamos a casa de unos tíos míos, pedir permiso a mis lejanos tíos de Galicia para que intercedieran en favor de la familia de Guendoline, con lo difícil que era entonces, y lo caro, hablar por teléfono desde París con Madrid...

A los dos días estábamos de vuelta en el aeropuerto de Madrid. Guendoline junto a mí, como dos recién casados sin serlo. Era una grande, difícil aventura en la España de aquellos días, pero adelante. Llegamos a las once y media de la mañana, como si viniéramos escapados, tomamos el coche que yo había dejado en el aparcadero del aeropuerto de Barajas y de un tirón... ¡A Orense!... ¡A Galicia!

No hay distancias para el amor.

Con el mismo calor, y el mismo coche que me llevó a Benidorm y que hervía en las cuestas que nos subían hasta la tierra gallega, llegamos a Orense, la ciudad puerta de Galicia. Eran las diez de la noche. Estábamos cansados, agotados, pero había merecido la pena. Yo no quería ir a la casa de mis tíos directamente, que además nos esperaban al día siguiente, así que acudimos a un hotel, que sería mucho más hermoso. El hotel era el San Martín.

—Denme una habitación, por favor.

—¿De matrimonio?

—Claro, de matrimonio.

El conserje, con las llaves de oro en las solapas de la chaqueta, me miró a los ojos. Debió verlo todo inmediatamente.

—Lo lamento, pero ustedes no están casados. Lo más que puedo hacer es darles dos habitaciones.

Miré a Guendoline, que estaba roja como una cereza. Pero, bueno, más valen dos que ninguna.

176

Julio Iglesias con Massiel y Salomé
en el Segundo Festival de la Canción española.

–Bien, dos habitaciones.

Dimos nuestros papeles, nuestros pasaportes. Nos miraron mucho de forma desconfiada. ¡Cómo pasa el tiempo! Yo no estaba ya para muchos gastos; además, las ciento cincuenta mil pesetas, con tanta gasolina, tanto champán en Francia, tanto avión, iban mermando considerablemente.

De todas formas debo decir la verdad, pagamos dos habitaciones, pero sólo ocupamos una.

Otra vez, dos habitaciones

Y a la mañana siguiente fuimos a ver a mis tíos. La madre de Guendoline ya había llamado desde París: ¿han llegado ya los chicos? Y mis tíos nos dieron lo lógico, dos habitaciones separadas, y como la casa era muy grande, bien separadas. Yo me sentía desesperado y la pobre Guendoline también. Cuento todas estas cosas porque en su absurda, en su absoluta sencillez, forman parte de mi vida, llenan muchos de mis días espléndidos y nunca olvidados. Ésta es una de la parte de mi gloria, de mi cielo, más aún, mucho más que ahora, que el éxito duerme a los pies de mi cama como un perro faldero. Espero que por mucho tiempo.

–Debemos hacer lo posible por estar juntos, Guendoline.

Y nos fuimos de nuevo. Otra vez al camino. Subimos hasta la isla de La Toja, al Gran Hotel y tampoco nos dejaban entrar. Y la cuestión es que ya empezaba a sonar en la radio lo de *La vida sigue igual* como canción ganadora del Festival de Benidorm, sólo que siempre interpretada por los otros.

"¿Y cuándo la canto yo?", me preguntaba en silencio.

Guendoline la escuchaba conmigo en la radio. Dormíamos donde podíamos, nos amábamos donde caía. Aquello era el amor. Claro que era amor. Un amor loco, loquísimo, precioso. Yo me escuchaba cantando *La vida sigue igual* de cada cien veces una. Pero se me habían encendido las luces de situación. Ya estaba empezando a sentir en mí el mordisco del éxito. Aquello era una canción mía, y a la gente le gustaba y la pedían por teléfono, y la programaban junto a los grandes de San Remo de mi tiempo...

Algo estaba pasando dentro de mí. Fue aquél un agosto esplendoroso. Yo había conocido a Guendoline en la Universidad, en Inglaterra. Me la había presentado un amigo catalán. La quería mucho. La quise locamente, de verdad.

Hasta que un día le dije:

–Vamos a volver a París. Tu madre está inquieta contigo y conmigo. Vuelve a casa. Arregla todo y espera, que en quince días yo volveré por ti. Nos iremos a estudiar inglés a una Universidad de Estados Unidos. Verás como allí no nos piden el libro de familia a ver si estamos casados o no. Y si es necesario, nos casamos.

Y la devolví a París. No sé si decir y hasta hoy. Adiós, Guendoline. ADIÓS. Porque ha nacido en mí, con toda la fuerza del mundo, el gigante de la música.

La compañía de discos, a mi vuelta, me propone, casi me exige, me ofrece:

–Debes grabar inmediatamente un elepé. Tu canción ganadora funciona extraordinariamente. ¿Tienes canciones para grabar?

Dos años más, sólo dos años

Yo dije la verdad, que no, pero me puse a trabajar como un loco. Día y noche, en el balcón de casa, aquel último verano ya, escribiendo, *El viejo Pablo* o *No llores, mi amor* o *Yo canto, Lágrimas tiene el camino, Alguien en algún lugar*... Mi padre, que sigue pensando que yo lo que debo hacer es la carrera de diplomático, prepararme en serio y a fondo que para eso había ido a Inglaterra, y que un día me plantea seriamente:

–Estás equivocando el camino, hijo. Es un disparate eso de cantar. Tú, a lo tuyo.

Pero yo aquel día le pedí a mi padre, valientemente:

–Déjame dos años. Si esto funciona, sigo, si no, vuelvo a prepararme para estudiar la carrera de diplomático. Padre, no quiero defraudarte. No debo abandonar esta oportunidad que me presenta la vida.

Guendoline sigue en París. Yo a veces la llamo por teléfono, le escribo alguna de esas escasas cartas de amor que hay en mi vida:

Querida Guendoline. No sabes cuánto recuerdo los días que hemos pasado juntos, lo maravilloso que ha sido todo para mí... pero creo que debemos esperar algún tiempo, debemos retrasar unas semanas más el viaje a Estados Unidos, a ver si a primeros de año...

Primero, otra vez la historia vulgar, las cartas que escribo se van espaciando. Dejo de llamarla por teléfono cada día. Y empiezo a conocer otras chicas del mundo del disco, periodistas, jóvenes cantantes... recuerdo cuando iba a buscar las cartas de Guendoline. Y es doloroso, ahora me da una cierta pena recordarlo. Un día fui a por una carta de Guendoline junto a otra chica que ya era mi novia. No tengo remedio.

Es la distancia, que todo lo estropea. Todo lo mata. Los kilómetros, el gran vacío, la tierra por medio. Preparo el LP, y voy con él bajo el brazo a todos sitios.

–¿Pero quién es este chico?

–Este chico es ese que ganó en el último Benidorm.

–¿El que escribió *La vida sigue igual*?

–Sí, ése. Y además estuvo a punto de ser portero de fútbol, del Madrid. Es uno de los pocos porteros que le ha parado un penalty a Di Stéfano.

Así se escribe la historia. Me hacen un documental para el noticiero español. Para NO-DO, que lo veía todo el mundo en los cines antes de las películas. Yo lo vi mil veces. ¡Quién iba a decirme que yo iba a salir en el NO-DO antes de los goles de Puskas!... Me hacían algunas fotos en el estadio Bernabeu, vestido de portero o con la camiseta del Madrid, y yo lo hacía, pero en el fondo me agradaba demasiado. La verdad es que hace poco he vuelto a pisar la grama verde del gran estadio en el que yo jugué más de una vez, bajo aquellos palos en los que yo saltaba como un gamo, cuando estaba completo y tenía una fuerza increíble, sorprendente, cuando casi asustaba verme saltar.

Lo que nunca muere

Ya corría por mis venas el veneno del artista, del cantante. Empiezo a salir con chicas formidables, me voy haciendo conocido, eso que se llama popular, famoso. Pero no se va de mi pensamiento Guendoline. Jamás habrá de desaparecer del todo. Siempre se mantiene al fondo de mi pensamiento, en mi cabeza, como una breve ascua que no se apaga jamás. Pensábamos casarnos en septiembre. Guendoline estará varias veces en este libro, seguro que sí, como sé que si tengo tiempo aparecerá sonriente en los últimos *flash back* que acompañan a un hombre, si es que muero en la cama, hasta el otro lado de la vida.

Pero aquello acabó. Al menos no tuvo el final que los dos deseamos en un principio. Sé que está casada, que es feliz, que vive en Lyon, que tiene algún hijo...

Pero yo lo que deseo entonces ya es cantar. Por encima de todas las cosas de este mundo, cantar. Y siento ese volcán a través de la radio, escuchando lo que yo he compuesto y he escrito. Después empiezo a escuchar el disco en las tiendas, lo veo en la televisión, las entrevistas que me hacen... Óscar Banegas, que en paz descanse, Martín Ferrand. Y en octubre ya empiezo a grabar, digamos que en serio.

Todo va sobre ruedas. Viajo a Londres y ya me hospedo en un hotel bueno, sin llegar a ser espectacular. Empiezo a pensar que esto de ser artista no es despreciable, que merece la pena. Yo conocía el Londres del colegio tan duro, el de los hoteles malos, tan malos, de mis tiempos de estudiante. Éste no: Éste tenía un *hall* bello, grande, con alfombras, conserjes que te dan la llave con una sonrisa... aquellas camas tan grandes, los baños de las buenas griferías, las sábanas de seda tan suave... Lo banal, lo espectacular del arte, lo superficial, pero es válido, va tirando de mi piel hasta subirla hasta la cabeza. Me va haciendo otro.

Termino mi álbum primero. Lo grabo bien, a fondo. Y salto el charco. Debo ir ni más ni menos que a Viña del Mar, el Festival de Chile. Miro cien veces el mapa y me asusto y me sorprendo.

–¡Qué lejos está, pero qué hermoso llegar hasta tan lejos!

Por eso Chile está tan dentro de mí, siempre. Y lo estará mientras viva. Es entonces la primera vez que viajo en avión dieciocho horas seguidas. Y viajo solo. No había más que un billete en clase turista para mí. "¿Quién te va a acompañar si sólo hay un boleto, muchacho?" Y gracias.

No dormí en todo aquel largo día. El avión iba saltando de país en país, de aeropuerto en aeropuerto. Y además, excitadísimo, me paso las dieciocho horas tocando la guitarra, cantando, componiendo. No sé si para que vieran los demás quién era yo, un cantante que había triunfado en España y que deseaba devorar el gran trozo del pastel exótico americano. Ni más ni menos.

El primer olor de América

En aquel viaje no quise dormir. Quería vivirlo todo. Lo contrario de ahora, que lo que deseo es sentarme en la primera clase y dormir. Dormir. Es en Brasil cuando recibo esa primera bofetada sin mano mágica de América. Ese olor que ya alguien ha descrito como a petróleo, a asfalto y a fruta madura. A guanábana y a queroseno. Ésa era mi primera sensación, de olor, de calor, de color americanos. Tampoco se irá de mi vida nunca. Me acompañará siempre. Y después ¡Chile!...

Cuantas veces llegué al aeropuerto de Pudahuel, entorno los ojos y veo como un grupo de personas –ahora que casi siempre llego me reciben miles de muchachas de "lolas", con carteles, camisetas, policías, cinturones de seguridad, sirenas– muy reducido se acerca hasta la escalerilla del avión. Llega de España un muchacho delgado, moreno, de dientes muy blancos, de cabello muy corto, con una guitarra y un acetato bajo el brazo. El disco reciente. Fresco y caliente. El último.

–¿Es usted Julio Iglesias?

–Sí, señorita, yo soy.

–¿Cómo hizo el viaje?

–Formidablemente.

Cuando me encierran hoy en una habitación de la aduana, entre un bosque de micrófonos, mientras se desmayan las chicas que han venido a esperarme desde Dios sabe de lejos, en el fabuloso vaivén de la gloria de este tiempo, mientras me preguntan y yo escucho la marea humana, incontenible, intentando destrozar la puerta que me encierra, rodeado de periodistas y carabineros, recuerdo otra vez cuando tímidamente preguntaba a la representante de la compañía de discos, aquel primer día que llegué a Chile:

–¿Aquí saben cortar bien los discos?

Y me respondieron atónitos:

–Sí, aquí los cortamos con las tijeras. Tenemos tijeras.

Porque había, hay, una máquina para cortar el disco. Uno lleva la matriz, lo principal, la levadura inicial. En Chile me respondieron como sabían, sencillamente, asombrados y contentos.

–¿Pero cómo cantará este gallo?

O sea, "cortar el disco" es como pasar de la cinta al acetato. Yo era muy infantil, y en muchas ocasiones veo que lo sigo siendo. No sé cómo arreglarlo, pero me pasa todavía a mis treinta y siete años.

Me llevan a Viña, que está llena, llenísima de emociones para mí. Me hospedan en ese hotel como de oro, pálido amarillo, del O'Higgins, donde se hospedan los artistas, donde viven los cantantes que han de participar en el Festival en días posteriores. Viña es un lugar hermoso, marinero, que ya no se va de la memoria del que lo vive. ¡Y, además, en aquella situación! Pero allí, en Viña, es donde están los mejores de aquel tiempo, los que cantan como nadie, los triunfadores. Yo no me cansaba de mirar, por ejemplo, la estela, la huella, que iba dejando tras de sí Leonardo Favio. Yo que no era conocido por nadie, si acaso por los de mi casa de discos, que iba colocando un cartel aquí otro allá, modestamente siempre, me hundía en el maremágnum de los devotos que esperaban la salida de las grandes estrellas que iban a la Quinta Vergara a cantar noche tras noche.

Hasta que debo hacerlo yo. Me presentan como el triunfador de Benidorm. No estoy mal, pero tampoco glorioso. Ya me asusta un poco aquella enorme Quinta Vergara, al aire libre lleno del calor de un pueblo ancho y fuerte, que ama a sus artistas. Canté otra vez de blanco, tan tímido, tan elegante. Aquello era mucho más grande que lo de Benidorm, pero yo también era ya digamos que Julio Iglesias. Canto una canción italiana. Me pidieron un autógrafo... ¡El primero! ¿Cómo voy a olvidar Viña del Mar?...

–¿Un autógrafo, yo?...

–Sí, sí, un autógrafo para mí.

Fue para una "lolita" de aquellas de piernas espléndidas y ojos grandes. Desde entonces no he dejado de amar a eso que mucha gente llama despectivamente las "fans". Son mucho más que necesarias para un artista. Son tus cuidadoras, las olas que mantienen encendida en las largas ausencias las llamas calientes del ídolo. Nada sería de un cantante sin ese grupo incondicional de las fans, que lo saben todo de ti, que siguen tu camino con la precisión del detective y el amor de una madre o de un hermano pequeño, o mayor. El que te cuida, defiende y anima. El que está contigo en el momento malo, escribiéndote cartas de amor, acompañándote en el dolor, o llenando de oxígeno tu balón de agonizante. El que llena tu casa de telegramas, de llamadas de teléfono, ahorradas dólar a dólar, centavo a centavo, largas distancias para que tu voz suene en la radio en el momento preciso...

Gente entrañable, a la que muchos compañeros no hacen justicia. Mis puertas y las de mi corazón están abiertas a estos cientos de miles de hermanos del triunfo y del fracaso del artista que sólo quieren una mano apretada en un instante, o un abrazo aquel día, o simplemente que les lancen un beso a la alta grada donde te aplauden y donde agitan sus banderas con tu nombre y tu sonrisa.

Pues ahí empecé a tener mis primeras fans. Aunque en el fondo la gente me miraba, tan de blanco, con un poco de ternura, y de cariño, yo creo que hasta de lástima:

–¡Pobrecito! Es el español.

No era para menos. No había más que verme. Pero lo que sí es verdad es que cuando vuelvo a subir al avión ya dejo atrás como un rescoldo de afecto, mis primeros amigos, algunos recortes de periódicos, sudamericanos, y un club de leales que empezaba a formarse.

Vuelvo a España y Enrique Herreros, que era entonces mi manager, ya me tiene contratadas algunas ferias como a los toreros.
Por ejemplo, a primeros del año, digamos en marzo, las fallas, en
Valencia y más tarde Castellón. Ya llevaba el artista cuatro músicos. Valerio Lazarov, el rumano que acababa de llegar a España
con su teoría del rayo laser y el zoom en el objetivo de la cámara
de televisión, me hace un programa especial. Esto marcha.

—Pero debes venir a Rumanía, conmigo, Julio.

¿Cómo no? Ahora es el mundo del Este el que me entreabre
sus puertas. Digo que sí a Valerio —grandes patillas, ojos gordos,
un genio sin corbata—. Y me voy a Rumanía a grabar aquel programa de televisión. Canté una canción en rumano, sí, en rumano, y otra en español. Yo iba de concursante, no de estrella in-
vitada, y además hacía un frío terrible. Ya está aquí eso que llaman la "vorágine" del artista. Y me veo ahora mismo paseando
los largos pasillos de aquel hotel de Bucarest, envuelto en una
gabardina, aterido, como si fuera un hijo de Drácula, tan flaco,
tan tembloroso, tan helado, al mismo tiempo. Una pena. Mucha
gente volvía la cabeza al verme cruzar:

—¿Pero qué le pasará a ese pobre joven?

Era el frío. Menos mal que Valerio me descubre:

—Volveremos por París. ¿Quieres que veamos a Guendoline?

El frío me desaparece inmediatamente, pero no así el fuego
de la duda. ¿Cómo me he portado con Guendoline? ¿Debo o no
debo llamarla? ¿Cómo he sido con ella? ¿Me recibirá? ¿Querrá
que hablemos?

Y de pronto la luz cegadora:

—Le diré que al fin y al cabo es la vida loca del artista.

Hacemos escala en París, porque íbamos a Viena. Y voy a
ver a Guendoline. Bailamos aquella noche Guendoline y yo, y
Valerio y una amiga de Guendoline. Noto que mi gran amor del
verano pasado está lejana, fría. Distante.

Y no lo siento mucho. Quizá el orgullo del macho, pero
nada más. Nos despedimos tristemente, intentando parecer
amigos de toda la vida, gente civilizada que se encuentra por el
mundo. Total, ¿qué es un gran amor al fin y al cabo?

Hoy siento una tristeza grande al recordarlo. Cae la tarde y
veo los pelícanos que zambullen su cabeza pequeña y el gancho
grande de su pico en el agua que rodea mi casa, en torno a la
barca *La Flaca* que está izada, alta, en el embarcadero. Pronto

«Entre un concierto de Tom Jones y otro
de la Mathieu, me voy a ver a Mireille.»

«Las gentes que cantan como Vargas (en la foto bailando en México
con Julio Iglesias al son de los mariachis), como Sinatra,
y como cientos y cientos de cantantes que nunca tuvieron
una voz arriba, arriba del todo, cantan para toda la vida.»

encenderán las luces. *Hay* salta tras un hueso falso, sobre el césped. Ha entrado el indio alto, ese americano convertido a la religión sin que se ocupe de que los árboles crezcan y las flores brillen con el rocío de la mañana. El puente lejano de hierro se levanta para dar paso a un barco de alta vela. El teléfono está en mi regazo, callado como un gato amigo, si es que me gustaran los gatos. El mayordomo viene y me pregunta:

—¿Un café, señor?

Yo hago la pregunta de siempre:

—¿Ha llamado mucha gente?

Un poco de fiebre

Me acerca la lista. De París, de Melbourne, de Nueva York. Hay un periodista que espera y que acaba de llegar de Roma. El alcalde de una ciudad española que no quiere irse sin ver, aunque sea por fuera y sin mí, la casa. Un príncipe árabe que desea comprarme este trozo de tierra; Omar, que mañana vendrá en camión con el equipo de la televisión americana...

¡Tantas cosas! ¿Pero ha merecido la pena todo esto?

Vuelvo a repasar mis notas. No es fácil esto de poner el video de la vida de uno, echar marcha atrás, remover en el pasado. A veces se abren heridas que uno creía que estaban definitivamente cerradas y no lo están. Es como esas cicatrices mal curadas. Bajo esa piel rosada hay siempre una pequeña fiebre latente, y si se abre aparece un pus que huele mal, que nos muestra nuestra propia carne podrida.

Guendoline es una herida cerrada, pero no en falso, algo que me duele cuando cambia el tiempo. Tengo alguna otra más, aparte la enorme cicatriz de la espalda, aquella que me hicieron en la terrible operación de la columna vertebral. Otra en un glúteo, de cuando yo era niño, y pretendí saltar una verja de hierro corriendo tras de un balón. Son esas heridas físicas que sólo duelen cuando cambia el tiempo. Y hoy en el otoño de mi vida me está pasando, porque resulta que lo que busco es la primavera...

Palabras, palabras, palabras. Me gustan las palabras. Hubiera dado no sé qué por escribir como mi abuelo, el padre de mi madre, que fue un excepcional periodista. Raramente he leído un libro. No sé si releeré éste después de que salga un día de mis manos en la maleta del editor. Leí durante mi enfermedad, pero ahora prefiero beber, vivir, de la vida, de la gente que está a mi alrededor.

Decía que Guendoline me dijo adiós. Es verdad. Yo también a ella. Parece mentira que un recuerdo queme tanto. Voy a Viena, dejando otra vez a Guendoline en París. El ambiente internacional digamos que me absorbe. En junio vuelvo a subirme al avión como un veterano que vuelve a las Américas. Esta vez a Guatemala, pero ahí ya la gente canta por la calle *La vida sigue igual*. Soy un protagonista. La bola de nieve va creciendo y creciendo. Me para la gente por las plazas. Mis discos se venden algo más que en el *hall* del hotel. Canto en la gala de la Cruz Roja. Saludo al presidente.

Un profesor de filosofía, de regreso a Madrid, me para en una esquina. Se identifica.

–Mire usted, señor Iglesias, con su canción *La vida sigue igual* me ha dado usted la más grande lección de filosofía en estos tres últimos años. Y se lo dice a usted un profesor que imparte precisamente esa materia entre sus alumnos.

Bueno, era una hermosa frase para la colección. Cuando llego aquella noche a casa, vuelvo a escuchar la canción. "No es nada importante; si acaso, es absurdamente lógica." Y ésa era la verdad.

Como los toreros en verano

Me pagan entonces más o menos mil dólares diarios de los de hoy. Es una bonita cantidad, pero no tenemos más que para los bocadillos del camino. Viajamos por España como los toreros, en un coche grande al que sólo le falta el botijo. Vamos diez, contando músicos, chófer, el representante, yo. Todavía no me puedo permitir el lujo de viajar en solitario. Por otro lado me gusta mucho, incluso ahora, ir junto a los míos, aunque es un lujo que no me puedo permitir con frecuencia. Quisiera que mis músicos y yo hiciéramos eso que parece una frase tópica pero que se llama "una gran familia", me gusta disfrutar de sus conquistas, de sus alegrías, saber cuándo están sus hijos enfermos, o van a parir sus mujeres, o qué les han dicho de España en la última lejana llamada telefónica. Son los de siempre, los de desde el principio: Antonio de Corral, Vicente Tarazona, Agustín Gómez, Rafael Ferro y Benjamín Torrijos.

Termino de una vez la canción *Guendoline*. La acabo con mi primo Ramón, aquel verano en Galicia. Y la vuelvo a guardar. Hasta que un día Artur Kapps, aquel estupendo músico vienés que vivió en España tanto tiempo, y que tenía una enorme fe en mí, me llama por teléfono para advertirme:

–*Guendoline* es una canción importante. Habrá un prefestival, antes de la Eurovisión, pero le debo confesar una cosa: la suya es la mejor de todas. No sé si usted ganará o no cantándola, pero la canción es una de las favoritas. Trabaje en ella un poco más y preséntela, va a ganar.

Fue así. En el mes de febrero, gana *Guendoline* en el prefestival español. Es el último resplandor de aquella muchacha rubia con la que no llegué a casarme. Su último favor. Festival de Benidorm, con Guendoline al fondo, esperando al triunfador en París. Y en el final de la historia, con una Guendoline difusa, como ese rostro de mujer que se va a través de un cristal manchado por la lluvia, en otro Festival, Guendoline me hace con su canción, una canción que yo escribí para ella, solamente para ella, ganar en España, acudir al otro Festival, el de Europa, en Holanda, aunque yo no ganaría, pero sí la canción. Porque *Guendoline* fue, sin ningún género de dudas, la gran triunfadora de aquel año, del setenta. Y a mí me hizo importante, conocido, en toda Europa.

Por si no te lo he dicho antes, muchas gracias, Guendoline, de nuevo querida Guendoline.

LOCO POR LA MÚSICA

La música ha sido vital para mí. ¿Cómo no iba a serlo?, aunque no de siempre, no desde pequeño, desde antes que me regalaran aquella primera guitarra cuando estaba atado a mis piernas en mi habitación de casa, sin saber cuándo iba a levantarme, ni si me iba a levantar algún día siquiera.

Así es la vida. No es difícil hoy ver junto a mi sillón de mimbre, ese que mira a la piscina interior de agua caliente, bajo el cuadro azul del músico tocador de quena ecuatoriano, por ejemplo, un disco de Aznavour. O de flamenco, que el flamenco español me gusta mucho. Y además lo siento, lo entiendo. Me va más que lo clásico. Y Roussos, aunque de los europeos sea Aznavour el que está más cerca de mi corazón. Como lo está Mina. Pero a Mina, que es soberbia, me gusta escucharla tranquilamente, despacio siempre, pero relajado, a ser posible con una mujer cerca. Claro que siempre me gusta compartir la música con alguien. Y Modugno, y voy a grabar un disco a dúo con Barbra Streisand. Otis Redding también era de los míos. Hablo de aquellos primeros, de mi juventud, de hace quince, veinte años, tal vez veinticinco. Me gusta la música de San Remo, yo amo a Italia. Hacen una melodía especial, bellísima. Y me apasiona la Francia de Brel, la de Bécaud, también la de Hollyday. Me emocionan los clásicos franceses. Ellos que hicieron la música popular moderna en el mundo entero. Como me van los Beatles, los sajones que revolucionan el mundo de la música del sesenta y cinco al setenta.

Las mejores voces

Pero debo ser sincero: prefiero a los europeos. Entre un concierto de Tom Jones y otro de la Mathieu, me voy a ver a Mireille, admirando mucho el chorro de voz de Tom. Tampoco puedo olvidar a Paul Anka, a Presley, que vivieron dentro de mi cuarto de muchacho. Nunca tuve posters, pero sí sus discos, ¡quién me iba a mí a decir que...! Me preguntaron no hace mucho, por teléfono, desde una emisora de Los Ángeles, si yo tenía algo que ver con Elvis. Lo decían por otra razón, estoy seguro, quizá pensando que en este instante compartíamos algún sentimiento con nombre de mujer. Digo yo que sería con Priscila. Dije la verdad. No. Claro que no. Yo de Elvis, no tengo que jurarlo, no tengo nada. ¡Ojalá tuviera algo de él! Elvis hizo explotar el rock, pero en el fondo lo que era Elvis es un enorme baladista, alguien que dominaba como nadie en su tiempo el tiempo en la música, se balanceaba muy bien en ella... puede parecer una blasfemia, me van a buscar para decirme algo, pero digo lo que siento y ésa es mi verdad.

Y luego, pues está fuera de todo, por encima de todos, Sinatra. Él tiene sobre los demás la leyenda. La historia. Una voz especial. Porque la voz, el instrumento con el que uno llega a la gente, no debe ser perfecto. Una nota fría, afinadísima, larga, no tiene emoción ni significado. La voz lo que debe ser es absolutamente personal, insisto en la palabra: especial.

El timbre debe ser identificadísimo. Si uno oye sin ver, debe decir: ése es Sinatra. Está cantando Frank. Ahí está el caso de Benet, que es su maestro, el profesor de Sinatra, él mismo lo dice, los dos lo reconocen. Sinatra tiene en su dormitorio los discos sólo de Benet, lo tiene incluso cantando en alguno de sus lugares de Las Vegas, para poder escucharlo directo siempre que quiera... pero tú oyes a Sinatra y sabes que está cantando "la Voz". Y que Benet es Benet. Tony es Tony, Frank es Frank, y cantan aparentemente lo mismo y los mismos temas.

El estilo J. I.

De alguna forma y salvando las distancias, que muchos se aferran en acercarnos cada día, a mí me pasa, más o menos, igual. Yo no canto ni peor ni mejor que otros, pero canto estilo Julio Iglesias. Eso no me lo va a discutir nadie. Mi estilo es nuevo porque nace conmigo. Es absolutamente mío, personal. Yo no lo he aprendido de nadie. No he querido tampoco parecerme a nadie. Yo no sabía de música nada a los veinte años. Y era entonces cuando empezaba a despertar en eso. Lo mío es autóctono. Es decir, que todo lo que tengo mío nace en mí, y sale, y ya está. Luego lo perfecciono, lo aprendo mejor de mí mismo, lo hago más fuerte, lo intensifico, pero no lo copio de nadie. Evidentemente ésa es mi personalidad. Y ése es en fin el secreto de "la voz de Julio Iglesias".

Julio Iglesias con el Dúo Dinámico, Manolo y Ramón,
que, según confiesa, le ayudaron tanto.

«El estudio de grabación es mágico, pero nada fácil.»
(Julio Iglesias con Valerio Lazarov en TVE.)

Y además, toco madera, creo que voy a tener voz, esta voz, siempre. Tengo una voz larga, que no me cuido nada. Tengo una voz eterna. Porque las gentes que cantan como Vargas, como Sinatra, y como cientos y cientos de cantantes que nunca tuvieron una voz arriba, arriba del todo, cantan para toda la vida porque tienen un registro de voz natural, humana, lógica. Con el tiempo puede variar el timbre, con la edad se asolera, pero sigue siendo el mismo techo. Es muy difícil para Tom Jones mantener esa voz suya a esta edad después de haber cantado tan fuerte tantos años. Y cantando así, con esos registros altísimos. Y además habiendo acostumbrado al público a eso, a escucharle cantando así... con esa fuerza.

Yo he tenido ocasiones en que he creído perder la voz. Pero no hubo problema. Estaba simplemente afónico. Raras veces he suspendido mis actuaciones porque me faltara la voz. Se pueden contar con los dedos de una mano. Y eso que he sido una persona, que soy un cantante que puede llegar a cantar cuatro, cinco horas diarias, muchas veces.

Hay ocasiones que pienso que, si perdiera algún día la voz, me dedicaría a crear un artista importante, a enseñarle lo que yo sabía, lo que yo sé... pero lo he desechado de inmediato. Me callaré, compondré, viviré y basta. Pero tengo la sensación de que eso no va a ocurrirme, a no ser por alguna circunstancia violenta.

¡Ay si yo me quedara sin voz! No quiero ni pensarlo. No es un problema de dinero, es "qué hacer". Sería un drama. Mi voz debe acompañarme hasta el mismo día de mi muerte.

Porque además lo cierto es que no me molesta hablar de la muerte. Sí, digo la verdad, la muerte es una constante de mi vida. Parece un pensamiento fatal, como de fraile cisterciense, pero es así. La muerte vive conmigo. No me preocupa escuchar la palabra muerte cerca de mí, porque yo la estoy sintiendo siempre en mi interior. Me suena sin parar. No es una palabra lejana. La he tenido demasiado cerca en varias ocasiones. No me siento supersticioso, pero sí me aferro a la vida como un náufrago a una tabla. Cuando entro en un coche, miro bien si están cerradas todas las puertas, y es que, aunque me digan "no te preocupes tanto", las cosas pequeñas, otra vez las cosas pequeñas, son las que creo que pueden desencadenar la historia final, y por eso trato de evitarlas.

Sólo una servilleta de papel en el bolsillo

Es una manía, lo sé. Como la de guardar las servilletas de papel que me caen cerca en un restaurante. Las guardo. Es un dato extraño, no sé si para psiquiatra, de cleptomanía, ¿no se llama así a los que roban una nimiedad en los grandes almacenes, y son inmensamente ricos quizá?, bueno, pues a mí sólo me pasa con las servilletas de papel de los sitios públicos; pero me pasa. Y además, la guardo en el bolsillo todo el día no llevando otra cosa; porque yo desde hace cuatro o cinco años no llevo nada en los bolsillos. Ni dinero, ni pasaporte, ni nada de nada. Tampoco llevo medallas al cuello, un simple reloj de oro, porque no tengo más remedio que llevarlo y además lo miro muy poco. Por no llevar no llevo ni pañuelo. Sé que hay alguna poca gente que, como yo, no lleva nada en los bolsillos de la chaqueta ni el pantalón. No me gustan las joyas, ni los exvotos, ni las patas de conejo. Me regalan muchos relojes, pero por ahí andan, lo agradezco y no los uso. Tampoco llevo amuletos, no me hacen falta. No siento ningún deseo de ostentación. Quizá haya por ahí, por los cajones de mi cuarto de dormir, al que ahora pronto quiero que me acompañen para que vean que no les oculto nada, cosas muy importantes que debería llevar encima. "Todo el mundo lo hace, Julio, ¿por qué tú no?"

Bueno, pues porque no. Me gusta esa frase de aquel torero español que me salva de muchas situaciones difíciles. Un día la trajo hasta mi casa Tico Medina. El torero aquel filosofaba en alta voz.

—Cada uno es cada uno.

Y es que eso es verdad. El papa Woytila lo diría después, muchos años después, de otra forma:

"El hombre es indivisible."

Que era la misma definición. Yo soy como soy, y sé que aunque para mucha gente –para casi todos– dos más dos son cuatro, para mí en ocasiones dos más dos pueden llegar a ser simplemente doscientas setenta y cinco. Es como lo del dinero. Todo el mundo juega en los periódicos con el dinero que tengo, con lo que gano o dejo de ganar. Juro que no me importa. Antes mucho, ahora nada. Me gusta saber lo que tengo, sí, pero no lo uso. Lo utilizo para todos, no soy roñoso; por ejemplo, este libro no está escrito por dinero. Está escrito para que se sepa por mi boca lo que otros pronto van a contar, están contando por la suya. No tengo sentido, ni olfato, sin embargo, para los negocios. En muchas cosas me consta que he sido un verdadero desastre. No está eso en mi cabeza.

193

Pero, eso sí, me gusta comprar casas. Ver casas para comprar. En voz alta digo: "Tengo que invertir, hay que comprar esta casa o aquélla", pero en el fondo lo que me gusta es verlas, hacer planes, mirar lo que se ve por la ventana más grande, saber si tiene jardín, ubicar una habitación donde estén las camas de mis hijos, o cuáles han de ser las alcobas de mis amigos, cuando vengan invitados. Mi propia casa de Miami, ésta, es como un hotel de paso. Muchos días me esfuerzo y no dejo entrar a nadie, o echo a la gente de la televisión que viene de lejos a recoger una entrevista mía. Los mando al campo de golf que está cerca. Tengo una verdadera manía obsesiva por que no retraten mi casa de Indian Creek, aunque sé que, en una exclusiva fotográfica en el mundo, vale hoy un millón de dólares. Y en otras ocasiones pienso que lo mejor será hacer en el lado grande del jardín, junto al árbol del aguacate, una especie de pequeño hotel residencia para mis invitados, en el que se puedan sentir cómodos y a su gusto. Un bungalow largo que tenga cuatro o cinco habitaciones, cada una con su nombre y su paisaje interior, cada una con su decoración; a la francesa, a la italiana, a la castellana o a la polinésica. Un día, hace muy poco, envié a mi hermano para que viera una casa que vendían en uno de los canales de Miami, verdaderamente prodigiosa. Una verdadera alhaja. Me aconsejaron los míos que lo mejor que podía hacer era dejarlos ir a ellos, que a mí no me vieran para que no encareciera el producto. Así lo juré. Mi hermano y Alfredo Fraile quedaron en acercarse aquella tarde previa cita con el propietario para verla. Pero yo, con unos amigos, me fui a ver la casa nada más marcharse ellos. No puedo remediarlo. Me gustan mucho.

Y por eso me envían desde lejos palacios, castillos, desde España, desde Francia, tengo ahora mismo encima de mi mesa de trabajo, en ese despacho que no termino de amueblar del todo y al que he entrado muy pocas veces –de todas formas, ¿para qué quiero yo un despacho?– y que no tiene ventana a la calle, una proposición seria para que compre entre otras casas El Quejigal, en España, que es como si fuera un Velázquez en lo que a las casas de campo se refiere. Una casa única en la mitad de un parque único donde se ha escrito gran parte de la historia de España y del mundo, porque esa casa la hizo Herrera, el mismo arquitecto de El Escorial, la mano creativa de Felipe II. Y no puedo dejar de decir que me atrae y que hay días que cuando estoy solo abro los sobres donde me proponen esas y otras maravillas. No sé si en el fondo no será eso también carne de psiquiatra, teniendo en cuenta que se puede encontrar en esta actitud mía "como un deseo de tener un hogar definitivo", algo que da la sensación de que no lo tengo porque sé que esta misma casa en la que me encuentro puede dejar de ser mía un día, justo esa tarde en la que el príncipe árabe, o el hijo del jeque, llame al timbre y pregunte con un cheque en blanco:

–¿Está el señor Iglesias?

De hecho ya han querido hacerlo y por ahora he asegurado rotundamente que no. Ésta deseo que sea, al menos por ahora, no sé mañana, mi casa. Hay una frase feliz que dijo en alguna ocasión Hemingway, al que a mí me gusta citar mucho:

–Amigo mío, hay que tener siempre una casa donde volver. No donde vivir.

Y es que es lo que a mí me pasa. Yo más que vivir aquí, vuelvo. Mi casa, perdón por la ampulosidad de la frase, es el mundo. No hay más que asomarse a mi pasaporte. Estoy programado hasta el año noventa. Como los grandes cantantes de ópera. Pero lo mismo también me espanta. Por ello me gustaría tener también una choza de paja, no me importa que no tenga televisión –mejor si no la tiene–, no la necesito, en la Polinesia. Pero eso sí, que sea una palapa grande, enorme. En alguna ocasión me gustó tener una cabaña en la isla de Pascua. No sé cuantas veces me tuve que decir: ¿pero tú para qué quieres un terreno en la isla Contadora si no vas a ir nunca o casi nunca?

Mientras mi madre toca el piano en el salón

Por otro lado, si yo quiero tener una casa es para compartirla con mis amigos. No quiero disfrutarla yo solo. Estos días están viniendo de Madrid en un barco grande, dentro de un contenedor, mis muebles, los que compré una tarde, unas horas tan sólo entre grabación y grabación, en aquella buena tienda de decoración madrileña. Colores hueso, y me gustaría mucho conseguir ese Goya que me venden para colgarlo –¡es tan español!– sobre la piedra negra de esa chimenea que jamás se encenderá en el salón, junto al piano, donde a veces mi madre hace sonar en sus largos ratos de soledad, mientras me espera, algún viejo himno español, o donde Rafael Ferro, mi director de orquesta –y que es tan gran músico, ese que dice que yo quizá lo que debo tener es un pacto con el diablo–, viene a trabajar conmigo sin terminar de hacerlo del todo, porque nunca tengo tiempo, la verdad.

A mí lo que me gusta en mis casas es entretener y que me entretengan. Pero conozco, por ejemplo, muy poco a mis vecinos. Sé que uno es el rey del papel, y que frente a mi casa hay un club privadísimo, que pago, en la mitad de un campo de golf que no he pisado jamás. Soy muy respetuoso de la intimidad de los demás. No quiero ver ni que me vean. Me gusta mucho la sobremesa larga, después de una buena comida española; exijo siempre cocineras que sepan cocinar como a mí me gusta, a la española, ya que mi madre no puede hacerlo por su edad aunque la encuentro muy guapa y es que ha sido una de las mujeres más bellas de su barrio. Lo digo con orgullo, no hay más que acudir otra vez a ese álbum familiar, que ella guarda porque yo ni de eso tengo. De todas formas, también puedo comer apio con aguacate, que es una comida de las tierras calientes que a mí me encanta. O un buen plato de almejas, o los cangrejos tan grandes y un poco insípidos de estos océanos. Pero a todo prefiero un guiso sencillo, que llene de buen olor la casa. Que huela a eso, a casa española.

Todas las noches tortilla española

De ahí que mi madre cada noche, cuando estoy en Miami, se encuentre en la obligación de tenerme lista, para cuando regreso de Criteria, del estudio de grabación, una buena tortilla española de patata. A veces me acompañan a la mesa, en esas madrugadas cansadas, después del trabajo hecho, Ramón Arcusa y *la Flaca*, y algún amigo, muy escaso siempre, y menos a esas horas. Cenamos en la cocina, entre los dos teléfonos antiguos colgados de la pared que a esas horas la verdad es que no suenan, afortunadamente. La tortilla española que hace mi madre tiene un secreto que ella no quiere compartir con nadie. Toda la tarde trabaja en ella, todas las tardes que yo trabajo en Miami. Ella dice que el secreto está en separar a la hora de freír la patata de la cebolla, y que en eso y en mucha paciencia radica el éxito gastronómico de lo que es para mí el punto final, el penúltimo, de cada día. Tengo además una bodega pequeña, que quiero hacer grande y mantengo en su temperatura constante de catorce grados. A mí no me gustaba el vino, pero he llegado a él, a su paladar, como a algo que es profundamente español, y que a la par tiene literatura, culturiza. Hay no sé cuántos genios de bodega que me están enviando sus recetas y sus

Julio Iglesias con Miguel de los Santos,
invitado de honor de «La gran ocasión».

caldos. Yo soy generoso en mi mesa con mis invitados y he aprendido hasta donde me es permitido saber, sobre todo teniendo en cuenta que he empezado muy tarde. Ayer, como quien dice. Tanto es así que el otro día en la fiesta infantil de uno de mis sobrinos, hijo de mi hermano Carlos, que soplaba las velas de un aniversario, bebí una larga copa de Vega Sicilia como si fuera zarzaparrilla; alguien me engañó. Llevaba razón. Aunque tal vez, por otras razones, lo que deseaba era marearme y olvidar un poco.

Pero sé de vinos. Del poso que dejan en la copa, de cómo leer en la huella que manchan en el cristal, de si se marearon o no en la larga travesía del Atlántico. Me gustan los blancos fríos chilenos y los tintos españoles en su temperamento. Y hay veces que digo triunfalmente (sobre todo si son americanos los que hay alrededor de la mesa, de mi mesa, de su mesa, norteamericanos que no tienen por qué saber ya más de lo que saben, que no es poco):

–Sabed que estáis bebiendo, hijos míos, un vino que es más viejo que vosotros mismos... Porque tú, ¿qué años tienes?

–Veinticinco...

–Ese vino es cosecha del cincuenta, muchacho... No lo olvides.

Y además me gusta el vino y lo que se ha escrito del vino. Jamás me emborracho. Tampoco lo necesito. ¿Para qué? Me gusta beber de ese vino mío, sobre todo si tengo una larga tarde por delante, si atisbo inmediatamente después una siesta confortadora antes de ducharme y bañarme en el jacuzzi y salir para el estudio de grabación.

Lo que me gusta cada día menos es leer. Éste es un problema mío de siempre. Antes leía más, ahora ni los libros que hablan de mí; ni sé si leeré lo que ahora escribo, cuando se publique. Y lo hago por una razón de analfabeto visceral: porque si leo se me acaba el poco tiempo que tengo para vivir. Muchos dirán que leer es vivir, y lo acepto. Pero yo, cuando tengo tiempo, duermo. Debo dormir antes que ninguna otra cosa.

Tengo la sensación a veces de que estoy como sentado frente al psiquiatra. Me recuerda aquel otro psicoanalista de la Argentina, aquel que me preguntó tantas cosas que a mí, como en la película aquella de Lee Marvin, me dejaron nuevo, descansado, como el que tiene un enorme deseo de orinar y orina, pero a él, el pobre, con tantos problemas míos, que le traspasé, le dejaron como muerto, cansado, hecho un guiñapo.

–Tengo bastante por hoy, señor Iglesias.

Y eso es lo que me parecen estas largas sesiones conmigo mismo. Creo que estoy llegando al pormenor, más lejos quizá de lo que debiera. Otra vez ese quizá. No es la mía una vida de aventuras, como la historia que desde el otro lado de su muerte publicaron de Errol Flinn y que me cautivó, o la de Pavarotti que acabo de comprar en Nueva York, o la de Anthony Quinn que me ha encantado, y en el que, en efecto, hay dos personajes claves: su madre que le cuenta lo pasado y el psicoanalista que es el que tira de sus despojos interiores.

No. Aquí estoy yo, a solas conmigo, en este anochecer. Ya ha dejado de llover, bendito sea. No me gusta la lluvia. Me llena de tristeza, me empapa el alma. Y no tengo un impermeable a medida de mi alma. Han encendido las luces del pasillo, que es de mármol blanco donde un día se abrirán grandes plantas verdes húmedas y temblorosas casi carnívoras, como a mí me gustan, plantas como labios de mujer.

También me ha cautivado el libro sobre Monty Clift, pero ésa es también una historia investigada, desde el otro lado de la vida, desde su propia muerte. Es el libro de un hombre joven, escrito al final.

Yo he leído las primeras páginas, cuando Liz Taylor –no pude ir a su estreno teatral reciente en Miami ni en Washington– le recoge hecho una piltrafa en la carretera después de aquella fiesta en su casa donde bebió vino italiano. Y también he leído el final, cuando muere Monty, pobre Monty, enorme Monty, con su gran secreto vital a cuestas. No me ha producido de todas formas ningún dolor su muerte, ni la forma de su muerte después de aquel bocadillo de paté, cerca de aquel muchacho de color al que tanto amaba, y me duelo porque recibió la muerte en su momento. También escuché un día, tengo una memoria de elefante, que Rilke, creo que fue Rilke, escribió:

"Dad a cada uno, Señor, la muerte que necesita."

Yo quiero morirme de viejo. Pero entero y habiendo llegado al final, a lo que deseo. No me atrevo a decir que me gustará morir rodeado de nietos ni de afecto. Quisiera morir lleno de asombro, incluso de espanto. De sorpresa. Y es que ya me voy sintiendo, al menos esta noche, un poco más cansado, puede ser por la lluvia. Me veo a veces más arrugado frente al espejo, aunque me digan lo contrario, y siento que me hastío. También es natural. Los treinta y siete no son los veinticinco, y además al menos en el amor, en el viajar, vivido con gran intensidad. A tope. Pero son etapas en la vida de uno...

Me voy a Criteria, ya es la hora. Veo al fondo del pasillo, abierta la puerta de roble grande de la casa, el azul metálico, espléndido, del rolls. Es bonito ver brillar el rolls, el rolls de uno, bajo la luz de la lluvia y las estrellas. Un viento caliente me da en la cara. *La Flaca* me trae las zapatillas de tenis que me debo poner para ir al estudio.

—Pónmelas, *Flaca*.

Tampoco tenía que decírselo. Lo hace siempre. He puesto mi mano sobre su cabeza preciosa, pequeña, como de oro. ¿Por qué tendrá que quererme tanto? Pienso.

—¿Tienes chicle, *Flaca*?

—Tengo. Ten.

Lo ha sacado de su boca. Lo ha puesto en la mía. Me toma por la cintura.

—Ea, *Flaca*. Vamos a trabajar. Esta noche debo terminar *La Flor de la Canela*.

ALGUNAS DE MIS CANCIONES:
"ASÍ NACE UNA CANCIÓN"

El estudio de grabación es, desde hace tiempo, ya algunos años, para mí como una segunda casa. Me encuentro muy cómodo dentro de él. Sé lo importante que es esto en mi vida, sé lo que para mí representa. Es una de las razones por las que elegí vivir en Miami, ciudad, tierra a la que quiero mucho.

Lo que sí les puedo decir es que no sé a ciencia cierta dónde está. Pero el coche me puede llevar hasta él "con el piloto automático". Muchas veces conduzco yo, otras, *la Flaca*, a veces Carlos, el conductor chileno, mi guardián a la par, que me acompaña.

Me gusta ir a Criteria en el rolls. No sé por qué, pero me gusta. Jamás busco música en la radio que hay en el frontal del automóvil. A lo mejor, si me hace falta recordar algo, lo que hago es poner la música en la que estoy trabajando. Música mía o de Ramón, que casi siempre cuando yo llego –y eso es ocho meses de cada año– me está esperando.

Mi amigo Ramón

Ramón Arcusa es una persona clave en mi vida profesional. Lo es también en mi existencia diaria. Quizá sea la persona con la que comparto más tiempo seguido, las horas de cada día. Llevamos mucho tiempo juntos y le veo brillar los ojos cuando llego todas las noches, muchas noches yo con esa camiseta azul en la que se lee en grandes letras "El Dúo Dinámico".

Porque Ramón y Manolo fueron de una forma directísima mis maestros primeros en la música. Casi diría que aprendí a bailar con ellos, a pesar de que sean tan jóvenes. Ramón forma parte de mi familia y hemos discutido muchas veces, y con mucha fuerza. Vive –el tiempo que está en Miami– muy cerca de Indian Creek, donde vivo yo. Ramón tiene cuatro años más que yo, o cinco, tampoco importa demasiado. Discutimos mucho nuestro trabajo, no es lo nuestro "un matrimonio musical" fácil. Ahí está siempre Ramón tan alto con su cartera de piel, sus lápices de colores, sus gomas, sus cuartillas impecables, tan ordenado, tan diferente a como yo soy, tan dentro de mi música y yo tan dentro de la suya, tan vestido de blanco siempre, con esos zapatos medio babuchas que él se ha inventado y que él mismo se diseña y que no tienen contrafuerte para andar más cómodo.

Yo quiero mucho a Ramón. Hay días en que acude a mi casa en la isla, por la mañana, dispuesto a que trabajemos un rato en alguna letra que hemos dejado a lo mejor la noche antes pendiente. Nos sentamos junto al piano, o carga de una guitarra o simplemente preferimos que nos dejen solos en un rincón cerca de la piscina, esta piscina en la que sólo me he bañado un par de veces, para terminar con esta letra o con aquel compás. Pero en casa es imposible. Ramón lo sabe, y a veces sabe muy bien que perdemos el tiempo, pero me gusta que nos veamos las caras así, al sol, tan distinto a todas las noches en que creamos, hablamos, cantamos, manejamos ese mundo maravilloso y apasionante de los mandos, las teclas, los botones, las cintas, siempre al pie de la luz artificial.

Nuestra colaboración es intensa, explosiva, dialogante, pero hay noches en que yo llevo al estudio parte de mis problemas. Él también, pero debo reconocer rápidamente que o no los tiene o no se le notan, y se convierte en mi consejero, un poco en mi hermano mayor, muchas noches en el paño de mis lágrimas. Si tenemos algo de apetito, acudimos a las máquinas que hay en el estudio y a veces nos encontramos por ejemplo con Bee Gees, que están cerca y que viven también en Miami, como nosotros, atados, dulcemente atados a esta segunda casa, a este espejismo de Miami, que es nuestro lugar de trabajo habitual. Es gente sencilla, encantadora, cordial. Nos llevamos bien.

Detrás del tablero mágico

Con Ramón es difícil llevarse mal. Yo debo decir, y siempre que puedo hago profesión de fe en ello, que Ramón es una persona clave en mi carrera. Diría más, es fundamental. Porque tiene talento y además porque conoce todos los secretos de la música y aparte porque es muy profesional. Y porque me aguanta mucho. Un elevado tanto por ciento se lo debo a él, a Ramón Arcusa, con quien he compartido tantos días de éxito, más de una hora amarga, sobre todo por mi parte, y que soporta mi perfeccionismo, mi cambio de carácter, ese creer que siempre llevo la razón. Ramón sonríe y aguanta. Y yo sé que tengo un productor insustituible. Dios le bendiga.

¡Cuántas salchichas, cuántos perritos calientes que ha ido a buscar alguien para nosotros en el rolls, mientras grabábamos, luchando a brazo partido con un efecto o con una canción que no salía del todo! ¡Cuántas cocacolas se ha tomado, se ha bebido de un tirón, junto a mí, delante de ese tablero mágico donde están cientos de señales electrónicas de este tiempo!

Porque el estudio de grabación es mágico, pero nada fácil. Otra vez surge la palabra que me atrae tanto, que me obsesiona: "lo mágico". Es inquietante. Parece de otro mundo. Porque ahí nace el disco y, aunque yo creo que soy mucho más que un hombre-disco, entiendo también que el disco en la música moderna es como el barco al navegante, como el avión para el piloto. Al cantante de música moderna el disco es el vehículo que le lleva rápidamente a los lugares de destino. Por eso antes los cantantes aprendían más lentamente, porque tenían que ir de escenario en escenario ofreciendo su maravillosa mercancía. Ahora el disco es instantáneo, cada día más rápido, un disco que sale de aquí de Miami —estoy tomando notas en esta larga hora, sentado en este diván que tanto me conoce ya, mientras Ramón aprieta, ajusta, unos coros que ha traído de París, en un viaje relámpago y en los que los dos estamos totalmente de acuerdo— por ejemplo el viernes, el lunes puede estar ya en todas las radios del mundo entero. Es por otro lado el vehículo que te muestra en todo tu arte más rápidamente. Aquí donde trabajo es como una cripta bizantina. Tiene cristales de colores, una mezcla de vidriera, de órgano de catedral antigua o de mesa de mandos del Concorde. Madera clara en la pared, al fondo el cristal grande a través del cual se mueve el bosque de micrófonos. Allí se coloca la voz, se repite una frase un millón de veces, al menos yo, y aquí las cintas anchas van dando vueltas y vueltas observadas, vigiladas por el rayo laser de miles de ojos espías electrónicos. Es una maravilla. Es como una prisión, como un control de la guerra de las galaxias. Pero me encanta aunque a veces eche de menos un rayo de sol, o una bocanada de aire de mar.

Sin embargo, las horas que grabo, grabo y que tanto pueden llegar a cansarme no me deterioran, bueno, si acaso los nervios un poco. Porque hay que repetir lo mismo cien mil veces, y eso a veces agota. Cansa porque puedes llegar a preguntarte: ¿Si ya es bueno, por qué quieres seguir adelante? ¿No puede ser que estés equivocado? Pero yo sé que no. En eso no me equivoco, estoy en la posesión de la verdad. Éste es uno de mis pequeños grandes secretos. "Lo que salga de aquí tiene que ser lo mejor, lo más perfecto", aunque como dice Ramón muchas veces sólo sepamos que es perfecto nosotros dos.

"Que no venga nadie"

Esto parece un lugar barroco, pero es lineal. El arte mandando en la técnica. Pero es que yo creo que en el disco está el gran secreto del cantante que vende muchos, millones de discos, como yo. No me gusta que venga mucha gente al estudio de grabación mientras trabajo, pero hay ocasiones en que me relaja después de unas horas intensas ver aparecer un rostro amigo o que suena el teléfono con una voz lejana y cariñosa. Puede o no ser de mujer. Cambio entonces en lo que estoy trabajando, en lo que laboramos duramente y quizá para que el panorama sea otro me gusta ponerles aquello de lo que me siento más contento, la canción que ya creo que está terminada, algo del nuevo disco en que me encuentro, y me asomo al gesto de los que lo escuchan por vez primera para saber cuál ha sido su reacción, y lo hago con angustia y con alegría a la vez.

Un disco debe ser del gusto de todos. Y yo canto para todo el mundo. ¿Cómo hacer entonces que en esa galleta negra y dura pueda yo enviar el mismo mensaje de amor, o de vida o de tristeza, para gentes tan distintas, tan diversas? Creo que sencillamente haciéndolo muy bien. Puesto que soy el que más recibe, debo ser también el que más da. Cada versión además debe tener en su idioma, su lenguaje, su acento, su íntima forma de decir, según el hemisferio al que va dirigido. Un italiano es un italiano y no un francés, un belga no es un chileno, y por supuesto un chileno no es un mexicano. Todo hay que matizarlo, cuidarlo, mimarlo, hasta que uno mismo llega a caer en el peligro, como dirían en mi país, en España, de "pasarse". Incluso a la hora de cantar en castellano, repito que no es lo mismo un catalán que un hondureño. Y eso hay que reunirlo dentro del mismo efecto, con el mismo sentimiento, idéntica y a la par distinta voz.

Ramón y yo lo sabemos muy bien. Él es muy riguroso, es por eso por lo que yo me siento feliz siendo su compañero y que él sea a su vez mi productor de discos. También me gusta que me acompañe mucho por ahí, por aquellas giras donde él pueda estar presente. Siempre que me es posible digo en alta voz que Ramón es

«Mi ancestro es fuertemente gallego, definitivamente gallego. Cuando entono lo de "Un canto a Galicia" la verdad es que parece que es algo que surge del fondo de mi raíz, me siento como un viejo árbol enxebre...»

lo que es, y con él Manolo, y que todavía y con éxito siguen cantando por España, donde son unos ídolos auténticos, y donde además venden medio millón de discos sólo en un verano, como en sus mejores tiempos.

No hay en este estudio de grabación nada que sea personal. Sólo lo que ponemos nosotros cuando llegamos. Cada noche hasta los técnicos son americanos. Muchachos de largas barbas de cigarrillos interminables, de camisetas ajustadas, genios de la electrónica, los mejores, gentes de otro planeta para mí, que me llenan de alegría cuando los veo sonreír, o cuando descubro que llevan el compás con sus zapatillas de tenis, o con sus botas tejanas, o que levantan ese dedo pulgar hacia arriba, el mismo dedo con el que cantan victoria al lanzar un hombre a la Luna con éxito:

–Okey, Yulio...

Volvamos al principio

Es una cuestión delicada esa del disco. Porque es ése el laboratorio, entre de alquimista y de brujo, y de técnico espacial, donde nace lo que debe ser sin ninguna posibilidad de error ese disco que debe ser un triunfo inmediatamente. Yo llevo mucho tiempo sin equivocarme. En esto trabajamos en el mejor laboratorio del mundo y lo sé. Me gusta rodearme de lo mejor. Quiero no tener que echarme en cara que defraudé porque me faltó esto o aquello. Puede que esta noche me vaya a casa con la sensación de que lo he conseguido, que lo hemos conseguido, y puede que mañana, al reencontrarnos, le diga a Ramón:

–Ramón: no era así. Volvamos al principio.

De lo que sí estoy seguro es que, cuando los dos llegamos a esta conclusión, a veces hay enormes discusiones, nos podemos pasar horas sin hablarnos, sentados en esos taburetes, en esa mesa de las cien mil luces, yo entrando y saliendo del otro estudio, poniéndome y quitándome los cascos de los oídos, pegando la boca y despegándola de ese micrófono, repitiendo esa misma frase, a veces la misma palabra una y mil veces, y cuando está sabemos que lo está. No volvemos a tocarla. Es válida.

Pero no debemos olvidar que lo que queda ahí en esa cinta ancha llegará después a Australia, y a Londres, y a Rusia y a Toulouse, y a Zacatecas y a Belice. Y que eso tiene que gustar, pero tiene que gustar hasta el final. Nadie puede decir "lástima de idea, que pudo llegar a mejor".

Yo siento gran devoción por este estudio. A veces pienso que debía tener otro, uno que fuera mío, no alquilado, cómo éste, horas y horas durante meses y meses. Lo ideal es conseguir uno, dentro de lo que es la vida del cantante, prácticamente allí mismo, tal vez en ese sitio ideal, donde el artista pueda llegar paseando, en un minuto. Pero no sé, también me duele dejar este sitio donde he cuajado éxitos inolvidables, y donde he dado a la gente felicidad.

Dos, tres, canciones

Y esa felicidad la he conseguido dando sorbos a una naranjada dentro de un vaso de papel, con los auriculares puestos, horas y horas, mientras fuera llovía o hacía sol, dejando a la puerta mi pena o mi alegría, en tanto que en el mundo se mataban o se amaban las gentes, en los sitios más conflictivos y queridos de la tierra.

Aquí además, en Criteria, se habla poco de otra cosa que no sea música. Ni aun para relajarse. Sabemos lo que esto cuesta, aunque no me importa demasiado y somos conscientes de que estamos tardando en hacer un álbum, a lo mejor, seis, siete, ocho, nueve meses, para hacerlo perfecto, cuando muy buenos artistas como mucho llegan a usar de un estudio, tres, cuatro y han batido un récord de permanencia y calidad.

En eso no pienso cambiar, ni en eso ni en nada. Deseo conseguir las mejores canciones siempre. Las merece mi público. Y es que debo superar canciones como *La vida sigue igual*, que es de las que más quiero, las que de alguna forma señalan la historia de mi carrera, o *Minuetto*, o *Me olvidé de vivir*... Porque ésas son canciones mías grandes, aunque algunas, por supuesto, no han salido de aquí, de este estudio, son anteriores a Criteria.

Por ejemplo *La vida sigue igual*, porque es la primera. La primera que echó a volar al aire. La segunda, *Un canto a Galicia*, porque sigo diciendo que es la canción de mis orígenes. *Minuetto* por lo que dice, y porque de alguna forma es lo mejor de los dieciocho, de los veinte años, es un paso atrás en mi vida, y a la par puede ser como un epitafio. Está llena de utopías, de idealismo. Es hermoso hasta el nombre. En el fondo y en la forma porque es que *Minuetto* soy yo:

Quiero las cosas pequeñas
sencillas y ciertas
que dejan huella al pasar.

Voy por la vida de frente,
mirando a la gente,
nada tengo que ocultar.

Soy de un lugar
donde el viento
se calma al llegar,
donde nadie es mejor ni peor,
sino igual,
no importa su ideal.

Yo no tengo edad
ni presumo de ser liberal
y me gusta que hable
quien no puede hablar,
ni que me juzguen al azar.

Entre bohemia y burguesa
mi sangre se queja,
nadie la quiere escuchar.

Voy por la vida de frente,
mirando a la gente,
nada tengo que ocultar.

Soy de un lugar
donde el viento se calma al llegar,
donde nadie es mejor ni peor,
sino igual,
no importa su ideal.

Voy, voy más allá,
de la mano de mi soledad,
compañero del viento
que me ha de llevar,
busco una tierra y un mar...

Después el estribillo, aunque el final lo cambio y en lugar de decir aquello de no importa su ideal, digo de cualquier ideal...

A veces improviso mucho las viejas letras de mis canciones, en los espacios abiertos, en los escenarios... me gusta hacerlo porque quiero ese contacto, ese rugido intenso de las cien mil personas que llenan un estadio. Es algo imborrable, es como una sensación insuperable, como si uno estuviera en la mitad del cosmos. Debo atar con la mente mis zapatos italianos a la arena del coliseo, a la frágil madera donde me encuentro con mis músicos, las lágrimas me escuecen en el fondo de los ojos, escucho todo y no escucho nada... el bramido, las palabras sueltas:

–¡No te vayas, quédate!

–¡No estás solo, estoy contigo!

–¡Julio, Julio, Julio!...

Ese truhán, ese señor

Claro que también estoy yo en una canción que gusta mucho: A mí me parece un poco más frívola, pero tiene eso que yo llamo encanto. Porque la verdad es que me alegra, me agrada, me fascina encantar, tanto o más que cantar. Y *Soy un truhán, soy un señor* está en la línea de lo que a la gente le llega al fondo, de lo que quiere ver en mí, el aire del golfo español, del cínico de corazón tierno, del que dice su retrato cantando. No hay más que repasar la letra:

> *Confieso que a veces soy cuerdo*
> *y a veces loco...*

Bueno, eso es así. ¿Quién no lo es? La vida te sitúa en esas tesituras constantemente. Y más yo que vivo encadenado a mis propios estados de ánimo.

> *Y amo así la vida*
> *y tomo de todo un poco.*

Vale. Ése soy yo. Menos la cocaína. No conozco la droga. No me hace falta. Hasta hace poco me sentía un poco como el apóstol contra la droga. No entiendo nada de esa nieve que quema, pero que sé que está ahí. No, la droga no. Quizá algún día he fumado un cigarrillo de marihuana, pero debo decir que me ha sentado muy mal, una chupada, un dolor de cabeza. Sé que dicen por ahí que me han visto en torno a grandes bandejas de polvo que mata, bandejas de plata por supuesto, y no hay nada más lejos de la realidad. Escapo, huyo, no quiero saber nada de ello. Sé que es un abismo colosal, al que se asoma un mundo joven que no encuentra su camino. No quiero saber nada –vade retro– de esa historia. Hay ocasiones en el mundo en que me muevo en que alguna persona, o muy conocida o desconocida para mí quizá, me hace un gesto imperceptible o entabla un diálogo directo sobre el tema, creyendo quizá que toda esta fuerza que tengo, esta fuerza física que a veces me asusta, esta enorme tensión mental, se debe a un agente extraño, a una sensación forzada. No. No la quiero. Dios quiera que no me haga falta nunca. He conocido casos dramáticos de grandes artistas que han muerto jóvenes, que han caído fulminados en los brazos de la heroína. ¡No! De todo un poco, sí, pero de eso y de alguna otra cosa, no. Entiendo a los homosexuales, no los critico, tengo grandes amigos gais, que son exquisitos artistas. Los tengo incluso cerca de mí, son creadores soberbios, a veces los mejores, pero no están dentro de mi esqueleto. No voy a ir por este planeta por el que atravieso, sobre esta franja ardiente de sensaciones, con los ojos vendados. Respeto al mundo gay, pero no me asombran. Dios ha hecho a las gentes perfectamente imperfectas...

> *Me gustan las mujeres,*
> *me gusta el vino.*

Las que quieren y las que hieren

No tengo que hacer una declaración jurada, ante juez, sobre estas dos afirmaciones de mi canción *Soy un truhán, soy un señor.* Lo primero está a la vista. No puedo ni quiero remediarlo. ¿El vino? Pues es algo muy español, no para emborracharme, creo que he hablado de ello largamente en algún otro capítulo. Me gusta pero para que me alegre un poco, me alegra el vino que te hace dialogar, no el que te hace pelear. Creo que no es una frase mía, pero la hago mía, la asumo, como se dice ahora, en este momento.

> *Y si tengo que olvidarlas,*
> *bebo y olvido.*

Aquella historia
de la niña
paralítica
en México...

Julio Iglesias
con las reinas
de las Fiestas
Infantiles
en Benicarló,
agosto de 1976.

También es una frase hecha. Por otro lado, se insiste mucho en que las "penas saben nadar". ¿Bebiendo se olvida? Porque uno no quiere olvidar las alegrías, sino las tristezas. Pero esas palabras forman parte de lo que es la literatura tradicional del amor. Es válida.

> *Mujeres en mi vida hubo*
> *que me quisieron,*
> *mas he de confesar que otras*
> *también me hirieron.*

No hay más que repasar estos treinta y siete años de mi vida. No hay verdad más grande. Tal vez lo mejor de esta estrofa esté en que cada uno de los que la escuchan, piensan: Ése soy yo. Llevas razón, Julio, en lo que dices. Siempre son más las que hieren que las que quieren. Es una verdad tan vieja como el mundo.

> *Pero de cada momento*
> *que yo he vivido*
> *saqué sin perjudicar*
> *el mejor partido.*

Lo de "sin perjudicar", en esta autopsia que hago de una de mis canciones más populares, que no es tampoco de las mejores, debo decir que es fundamental: "nunca he querido hacer daño a nadie": en el amor, bueno, ni en el amor ni en ninguna otra cosa. No soy envidioso, no tengo rencor. Desconozco el odio. Si hice daño a alguien, fue sin querer y aquí me arrepiento, en este instante. He querido vivir siempre a tope, hasta el final, y quiero seguir haciéndolo aunque a veces las fuerzas me fallen, porque todo lo que se hace se paga... claro, claro. He exprimido el jugo de la fruta de la vida... ¡y muchas veces al llevarme la copa a los labios he experimentado el amargo sabor del limón o la cicuta!

> *Y es que yo...*
> *amo la vida, amo el amor,*
> *soy un truhán, soy un señor,*
> *algo poeta y soñador.*

¿Qué es ser un truhán? El diccionario de la lengua española lo dice muy claro. No es nada importante. Ser un truhán es, para mí —no para el diccionario—, eso, ser un truhán. Lo soy. ¿Soy un señor? Pues también. Hay señores del apellido y otros que decía García Lorca que eran los "señores de la sangre". Yo creo que lo de señor en mí, sin que suene a palabra hueca, me acompaña. Soy un señor a la española. No un señorito. Hay un error grave en mucha gente que no me conoce. Creen que yo soy un hombre blando. Nada más lejos de la verdad. Yo soy un hombre duro, de acero. Me gustan los platos fuertes, aguanto las emociones rotundas. Sé esperar, sufrir, sobrevivir. Tengo ese señorío, entonces, no de los libros, ni de los apellidos, ni de los escudos, sino el otro, ese que nace del pueblo, que hace que uno pelee y tome las decisiones más importantes, las que son para bien o para mal, las que te derrumban o te levantan, sin perder la compostura, con la corbata puesta, sin caerte del caballo. Lo de "algo poeta y soñador" está demostrado. Poeta, me gustan los poetas, tengo poco tiempo de leerlos, me he sentido muy poeta, con permiso de los poetas, cuando era muchacho, siento un extraordinario respeto y una gran admiración, de tener la boca abierta, ante los poetas, que yo soy muy simple para estas cosas. Y en cuanto a lo de soñador... pues cada día sueño menos con los ojos cerrados, pero con los ojos abiertos, ay, con los ojos abiertos, no tengo remedio. Cada día, a cada hora, en cada instante...

A veces digo también dentro de la canción:

> *Soy un bohemio, soy jugador,*
> *y casi fiel en el amor...*

¿Bohemio? Sí. Aunque parezca lo contrario, me gusta la vida de la farándula, la libertad del artista que va donde quiere y como quiere. Yo no puedo hacerlo, pero lo he hecho, y ahora siento nostalgia muchos días de aquellos tiempos, cuando uno hacía lo que quería...

"Casi", casi fiel en el amor. Ésa es otra de las claves de mi vida amorosa. "Casi." ¡Qué gran verdad! Nunca del todo ofreciendo, pero a cambio que "sí te lo garanticen todo". Por otro lado creo que es un sentimiento machista, biológicamente latino. ¿O me equivoco?... ¿Hasta qué punto se es fiel en su totalidad en las cosas del amor? ¿Quién puede lanzar sobre mí, por ese "casi", de los hombres de mi tiempo, de mi tierra, la primera piedra?

¡Y además, es tan difícil ese "casi" llevando la vida que llevo!...

Pero de todas formas, también me gusta, mucho me encanta decir, sobre todo cuando estoy lejos de mi país:

Soy un truhán... soy español...

Lo segundo es lo primero

Lo digo más veces que "soy un señor", que cada día me parece una palabra menos traducible fuera de España. ¡Y además, la verdad es que de un tiempo a esta parte es una palabra tan depreciada, tan desprestigiada!

Cuando digo "soy un truhán, soy español" se me llena la boca de voz y las paredes me repiten el eco, y si es al aire libre, escucho el clamor de los españoles que siempre están ahí...

¡Si vieran ustedes cómo sonaba lo de "soy español" aquella noche en el Madison Square Garden de Nueva York, el día de las cien banderas!...

Y además, entre las grandes canciones de mi vida, esas que va uno haciendo muy de tarde en tarde dentro de un ciclo del que hablaremos ahora, del que les quiero abrir el cajón de mis secretos –lo de mis canciones es tanto o más importante que lo de mis amores, porque las primeras nacen de lo segundo y nunca al revés–, no puedo olvidar *Me olvidé de vivir*, que es la continuación de *La vida sigue igual*, que es una inmensa verdad y que, escrita diez años más tarde que la primera, siempre que la canto el corazón se me oprime como si una gran mano me hiciera daño. Sí, indudablemente es una canción que me hace daño.

De tanto correr por la vida
sin frenos,
me olvidé que la vida
se vive en un momento.

De tanto querer
ser en todo el primero,
me olvidé de vivir
los detalles pequeños.

De tanto jugar
con los sentimientos,
viviendo de aplausos
envueltos en sueños.

De tanto gritar
mis canciones al viento,
ya no soy como ayer,
ya no sé lo que siento.

Me olvidé de vivir...
me olvidé de vivir.

De tanto cantarle al
amor y a la vida,
me quedé sin amor
una noche de un día.

De tanto jugar
con quien yo más quería,
perdí sin querer
lo mejor que tenía.

De tanto ocultar
la verdad con mentiras,
me engañé sin saber
que era yo quien perdía.

De tanto esperar
lo que yo
no ofrecía,
hoy me toca llorar
yo que siempre reía.

Me olvidé de vivir...
me olvidé de vivir.

De tanto correr
por ganar tiempo al tiempo,
queriendo robarle
a mis noches el sueño.

De tantos fracasos,
de tantos intentos
por querer descubrir
en la vida algo nuevo.

Me olvidé de vivir...
me olvidé de vivir.

Hay cientos de canciones que no canté

Esta canción es actual, está en su tiempo, está aquí, es de ahora. Todas mis canciones son frívolamente ciertas o dramáticamen-
te ciertas. Ésta pertenece al segundo sentimiento. No creo que sea
necesario incidir en lo que dice cada palabra, cada frase, cada letra, está hecha con mi propia sangre y latido a latido; quizá haya
perdido todo a cambio de nada, si es que aquello era todo y si es
que esto, este camino de rosas y espinas, es nada. Ya veremos. La
vida se encargará de decir la última palabra.

Lo que sí tengo claro es que he escrito cientos de canciones en
mi vida, cientos. Muchas de ellas no son ahora más que palabras
en un cajón. Ahí tengo una carpeta, una vieja carpeta de empleado
de oficina, llena de papeles garabateados, de cuartillas con algunas
notas, cintas de magnetofón de bolsillo, de urgencia, con ideas y
sentimientos. Junto a las fotos antiguas que pueda uno encontrar
todavía en la cómoda que hay en el dormitorio de mis padres en
Madrid, no será difícil encontrar también cuartillas, bloques, con
letras de canciones, poesías sueltas, que yo he escrito.

Me preguntan en ocasiones si los éxitos de las canciones, al
menos de las mías, se saben de antemano. No sé qué responder.
Porque ahora me equivoco poco, como ya he dicho más de una vez,
quizá con demasiada insistencia, pero lo que sí es verdad es que hay
sorpresas. Por ejemplo, alguna canción en español no gusta tanto
en Francia, y a la inversa, hay canciones que son muy importantes
en francés que a mí no me agradaban tanto. Ahí entra en juego el
complicado y difícil mundo de los sentimientos y las lenguas. *Mi-*
nuetto y *La vida sigue igual* son paralelas, tienen sólo unos años de
diferencia. *Un canto a Galicia* viene cuatro años más tarde. *Me olvi-*
dé de vivir nació con diez años de diferencia sobre las dos primeras. No creo entonces, sinceramente, que haya años estériles y
años que se repiten en el éxito. Salen o no salen, pero sin la disci-

plina del tiempo. Más bien con arreglo al estado emocional, a los sentimientos.

Siempre hay un siempre

Lo que sí me importa es que mis canciones digan cosas. A veces cosas sencillas, tan rabiosamente simples que pueden no ir más allá de lo que piense un hombre sin problemas aparentes o una mujer que va por la vida sin tener nada que decir. Pero por ejemplo en esa sencillez, que yo respeto, que elevo a la categoría muchas veces de una odisea, de un drama griego, está la razón de muchas cosas.

Por ejemplo, una frase: "Siempre hay por qué vivir, por qué luchar", ¡tan simple! ¡Se dice tantas veces, en tantos momentos! Parece de púlpito, de hospital, pero no, es para la gente de a pie, para todos, sobre todo es un canto a la vida, es un mensaje en su absoluta sencillez, repito, a la esperanza. El mundo está lleno de gentes que no quieren luchar, que no saben por qué viven, que van por la vida como desvaídos, como sin rumbo, de uno para otro lado, sin razón de existir, ¿no? Pues... por lo menos para mí, es ése el motivo de mi vida. La razón de seguir adelante, a pesar de todo. "Siempre hay un siempre." Yo sé que no es una frase ingeniosa, que mucho menos es una frase genial. Pero está además dentro de su música, en su tiempo de músicos, con su gesto musical, y eso quiere ya decir cosas, es un himno. Son un grito de vida en este tiempo de muerte. Pero es un grito diario, casi doméstico, y, al menos para mí, es un sentimiento de cada instante, de ahí que mis depresiones no sean nunca negativas, sino positivas. Yo emerjo de cada uno de estos estados con esa frase en mi subconsciente. Hay una razón para seguir adelante...

–¡Arriba, arriba, Julio!

Como en el caso de la crítica. Hubo un tiempo, lo sigue siendo, en que un sector de los digamos especialistas, más a nivel de mi vida privada que de mi profesión, me hacía daño. "Aquello" –si es que llegaba hasta mí, porque aunque mi gente, mi oficina, Alfredo, o mi hermano Carlos, hacen lo posible por que no me entere de aquello que es dañino, que puede pegarme a un rincón y golpearme– me hacía daño. Mucho daño. He sufrido mucho, y aún sufro con lo que es infundado, con lo que me convierte en un saco de entrenamiento de boxeadores más fuertes que yo en estos pesos. Pero ahora no. He dicho a mi gente, a eso que ya se llama por ahí "la guardia de corps de la multinacional Julio Iglesias", que quiero saberlo todo, leerlo todo, conocerlo todo. Y lo hago. Y si hay un crítico o un periodista que me pega un tiro, me hago con ese plomo mucho más fuerte, me levanto en seguida, vamos, ni me caigo, si acaso un segundo, pero lo que sí es verdad es que doy el salto hacia adelante, ese disparo, esa pólvora, esa propia sangre derramada, me realimenta. Me hace mucho más Julio Iglesias.

Y luego, frente a esto de sentirse muñeco del pim pam pum, esta sangría constante, porque no todo el mundo va a estar contigo, porque son muchos los intereses creados que hay en juego, porque está uno en el "ojo del huracán" de la vanidad, incluso de la vanidad de los demás, porque son muchos millones de dólares y política lo que se juega en todo esto: hay un alto muro que te defiende, o al menos que te compensa, de todo ese calvario, de este infierno que uno ha aceptado porque sí. Esto no es fácil, pero te lo hacen más fácil aquellos que te quieren sin que tú los conozcas, esa sensación de que te están viendo y protegiendo con infinitos escudos, con oraciones, con cartas, millones de seres humanos a los que no has dado nada, más que la ilusión o la pena de tu canción.

Para ella está abierta mi puerta

Son, otra vez están aquí, los fans. Esa muchacha paralítica que viene a veces a verme aquí en mi casa, que es su casa, de Miami. Es la presidenta del club de fans de Florida que lleva mi nombre. Yo tengo ordenado que esa puerta mía, que se abre tan pocas veces, esté siempre para ella abierta de par en par. Escucho el ruido de sus ruletas, la veo llegar hasta la mesa de camilla pequeña, en el Florida, donde abro mis cartas, donde desayuno todas las mañanas... Y despacha conmigo como un primer ministro con el presidente del gobierno de su país.

En su seriedad, en lo que ella ha convertido en su vida, sin recibir ni una moneda a cambio, esta chica se ha convertido en una de mis silenciosas y más fuertes guardaespaldas. Y miles de centuriones la acompañan, gentes sin rostro para mí que están por ahí, viviendo en torno a Julio Iglesias sin que ni yo lo sepa. Sobre todo en los países hispanoamericanos, tan generosos, tan espontáneos, tan viscerales, tan sencillos, tan naturales. Pueden dar la vida por ti. No son sofisticados, son así, como son. La vida vale menos para ellos, y por lo tanto la muerte no es nada. Es una consecuencia. Es ésa toda la filosofía de su existencia. Por eso lo dan todo. Por eso esa generosidad sin artificios. Creen en ti y basta. Todo es mucho más primario y a la par mucho más sólido. Yo debo escribir que es en estos países, los de la cuenca que habla nuestro idioma, donde yo me he sentido más en mi raíz, donde yo he recibido más. Todo lo europeo que me siento se ha rendido ahí, de rodillas, ante el hispanohablante.

Yo soy hoy el artista, el cantante, que más discos vende en el mundo, ¿no? Bueno, pues lo debo en su casi totalidad a ese espejo abierto de nuestros pueblos, a lo que he aprendido a base de muchos años de conocer estas gentes, de muchos sufrimientos, de pasarlo bien y mal, de vivir con ellos sus revoluciones, de sentir sus problemas, de escucharles, de hacer lo que podía y lo que sabía, y de todo ese equipaje, o con todo ese equipaje del conocimiento de las gentes, de las pequeñas grandes cosas, de los grandes gastos, del corazón partido en dos, del alma abierta de par en par sobre la mesa, he asomado yo a Europa, que ha recibido la sabiduría que dejaron en mí todas estas buenas gentes durante tantos años. Por eso los quiero tanto. Por eso quiero estar tan cerca de ellos. Por eso acepto en muchas ocasiones lo que no me gusta por mi propia piel, que es lo folletinesco, lo milagroso. Sé que hay sitios donde encienden velas ante mi fotografía en colores. Me da miedo. Sé que se invoca mi nombre para cosas que están fuera de mi alcance. Como el caso de aquella niña mexicana que un día trajeron a un programa en el que yo actuaba. Una niña de piernas paralíticas. Mi compadre y amigo Raúl Velasco, de Televisa, del programa "Siempre en domingo" –mi amigo del alma, al que tanto quiero–, me pidió que por favor atendiera a una niña que estaba inmovilizada de por vida "y que sólo quería verme y que le cantara antes de morirse". Quiero insistir con toda la fuerza que tengo en que no me gustan estas cosas, son demasiado serias, no estamos en una feria de las debilidades ni de los milagros.

La llevaron. Estuve con ella. Yo no sabía que aquel programa, en directo, era como homenaje a ella. Tenía unos dieciséis años más o menos. Le canté hasta las dos horas. Hoy mismo que me acuerdo me siento en el dintel de dos emociones raras. Una como de sorpresa, otra de miedo.

La niña que volvió a caminar

La niña aquella volvió a caminar, se rehabilitó. La tomamos como si fuera cosa nuestra. Jamás hablo de este caso, pero Raúl Velasco y yo nos ocupamos de la muchacha, que ya anda, con toda la frecuencia que nos es posible, por lejos que estemos, como una ahijada. Sé que le hice mucho bien, pero no quiero jugar con el sentimiento de las buenas gentes sencillas. Sé que se ha casado. No hace mucho acudió a verme cantar y me dijo, en pie, llorando de alegría –¡qué hermoso es ver a la gente llorar de alegría!:

–Julio, te presento a mi marido. Éste es mi esposo.

¿Para qué más? Es como cuando me traen un niño de un pueblo lleno de barro por el que paso, voy y vengo en el día a cantar. Y veo que es un niño de dos años que no sabe quién soy ni falta que le hace. Y veo a la madre, que me grita entre la multitud, que pueden machacar a la pobre criatura, levantándole sobre las cabezas:

–¡Tócalo, Julio, tócalo!... ¡Es mi hijo!

Y es entonces, lo juro por Dios, cuando me siento más pequeño, más pobre, más insignificante, más miserable. Más aún de lo que soy. Pero al mismo tiempo ese día, o esa noche, en ese lugar lejanísimo, que quizá no vuelva a pisar jamás, cantando a la luz de un faro de coche, es cuando más veo la importancia de ser lo que soy para esa gente que me mira como a un ídolo, como a un dios.

Y lo quiero escribir con toda la sangre de mi cuerpo, la que corre por mis venas, aun sabiendo que esas gentes, precisamente esas gentes, no van a leer mi libro. No ya por su precio, sino porque justamente ellos, los que más creen en mí, no saben leer.

LO GALLEGO

Nostalgias de un emigrante que quiere
volver a morir a su tierra, junto a la ría

Me gusta sentirme gallego y además sé lo que es "ser gallego". Galicia es la tierra de mi padre. Yo me siento más gallego que madrileño, la verdad. Mi ancestro es fuertemente gallego, definitivamente gallego. Cuando entono lo de *Un canto a Galicia*, la verdad es que parece que es algo que surge del fondo de mi raíz, me siento como un viejo árbol enxebre, como uno de esos castaños que a veces se ven al otro lado de algunas bardas de piedra en los húmedos pazos gallegos.

Sé, por ejemplo, que mi canción la lleva Fidel Castro en su coche personal. Lo sé, me lo han dicho. Sé, por ejemplo, que es una canción con la que se mojan de llanto cientos de miles de gallegos de Europa y de América cuando la escuchan.

Los españoles que trabajan en Bélgica, por ejemplo, donde el sol se pone a las tres de la tarde si es que hay sol, presumen mucho de esa canción que yo les mando en el fondo de un disco, y a veces en persona. Cuando decía no hace mucho

> *Un canto a Galicia,*
> *¡ay!, tierra de mi padre...*

en el Madison Square Garden, aquello pareció moverse entero. Igual que en el estadio del River, en Buenos Aires, o en el Olimpia de París. Es una canción muy mía, que la siento desde la raíz a la copa.

Además ha invadido Europa. Se ha mantenido en las cabeceras de las listas de oro durante mucho tiempo, me la pedían el otro día a voces en Australia, por ejemplo, siendo un lugar tan lejano. Y yo la canto con mucho gusto, con mucha gana, porque la verdad es que sé lo que para mí significa. Yo no olvido que la emigración de nuestro país, los españoles del mundo, me han ayudado mucho, considerablemente. Ha sido un poco como su baluarte, musicalmente hablando. Cuando los españoles van a trabajar, a

221

los que ahora llaman "los criados de Europa", los de esta nueva generación, los que salen no a las Américas, donde salieron sus padres o sus abuelos, sino los hijos y los nietos, los que han hecho una emigración tan dura o más que aquéllos, porque se encontraron con la pared del frío y la otra más dura, la del idioma, hablan con sus jefes del trabajo, que son de las tierras a las que llegaron a servir, y les dicen:

—¿Qué? Ese Julio, que vosotros decís que es vuestro, es nuestro, ¿eh? Que es nuestro, ¿eh?

Y se jactan de ello, y yo lo sé, y me siento orgulloso de que así lo sientan.

Todo el mundo sabe lo español que soy, visceralmente, geográficamente, desde lo profundo. Un día en Francia tuve que decir entre abrigos de visón y fotógrafos:

—Amo a Francia, sí, pero soy español.

Castillo en París

Y si algún día me compro esa casa que me gustaría comprarme en los alrededores de París, por ejemplo, ese palacio que me están vendiendo, formidable, que yo quiero tener, como un castillo más que nada para que lo disfruten mis amigos, sabiendo como sé que los franceses me querrán como algo suyo, ya que yo los siento como algo mío también, los franceses ayudan siempre a sus mitos, los miman, no los atacan, los lloran si se les mueren, pero jamás les hacen un mundo corrosivo y atacante... quizá como en nuestro país, que así es como somos y así nos hemos de morir, bueno, pues yo tendré ese castillo cerca del Sena, y seguiré diciendo:

—Soy español, un español que ama a Francia.

Y eso les gusta mucho a los obreros españoles de Europa. Y sé que se pelean con los demás que hablan la lengua del país al que llegaron, por defender lo que piensan que es su patrimonio natural. Los de Francia por ejemplo, los obreros españoles que trabajan en Francia, dicen:

—En *Paris-Match*, eh, pero es nuestro, nuestro y no vuestro, ¿vale?

Y aunque lo dicen sonriendo, lo dicen fieramente, para que nadie se lo pueda quitar. Y yo lo sé y eso me enorgullece y les canto lo de Galicia a pleno pulmón y poniendo toda la carne en el asador, con toda el alma.

Aparte de que me siento profundamente gallego. Mi padre

es gallego, mi madre es caribeña y madrileña, que su familia viene de Puerto Rico, es curioso, y además significativo, de ahí quizá arranque lo que es mi fuerte tirón por Centroamérica, por el continente que habla nuestro idioma. Mi corazón está partido entre la bruma galaica y el sol que no cesa. No lo puedo remediar. Ni quiero. Aunque de sentirme algo, en lo profundo, me siento más gallego, la verdad. Me gusta el paisaje gallego, esa piedra humedecida por el agua. Los verdes gallegos. La gente, que es la que configura el paisaje. Yo pienso que no es el paisaje el que hace a la gente, sino al contrario.

Y además, la historia de *Un canto a Galicia* es muy fácil. Nació de pronto, en un coche, viniendo desde Olite, en Navarra, a Madrid. Desde la casa de Julito Ayesa, que es un personaje que tiene mucho que ver en mi vida porque a él le debo conocer a Isabel, como ya saben.

Conducía Toni, ¿no? Bueno, pues yo al lado con la guitarra en la mano, y así nació *Un canto a Galicia*. Unas horas y mucho sentimiento, eso es todo. De un tirón.

Las viejas tradiciones

Ya saben la letra, no es ningún portento, no es el poema inspirado de ningún poeta gallego de los muchos y buenos que hay, pero para mí es un monumento a la nostalgia y a la tierra que vio nacer a mis antepasados. Y digo mucho la palabra ancestro y es porque lo siento. Para mí lo tradicional tiene una enorme importancia. En mi casa se reza antes de comer, siempre; se bendicen los alimentos que se han de comer después, y yo lo acepto no como una costumbre, no como una muletilla, sino porque es eso, tradición. Tradición más que religión. Yo me siento muy respetuoso con la tradición, eso es indudable.

> *Un canto a Galicia,*
> *tierra de mi padre;*
> *un canto a Galicia,*
> *que es mi tierra madre.*
>
> *Tengo morriña,*
> *tengo saudade,*
> *porque estoy lejos*
> *de esos lugares...*

223

Yo te quiero tanto,
tú aún no lo sabes;
yo te quiero tanto,
tierra de mi padre.

Quiero tus riberas,
tus montes y valles,
tus ojillos tristes
llenos de pesares...

Me gusta, me gusta mucho. Es una canción sencilla, como a mí me agrada cantar a la gente. He leído muchos poetas gallegos. Escucho mucha música gallega. La gaita me pone el pelo de punta, me llena de lágrimas los ojos, la escuche donde la escuche.

Y la cocina gallega también. Son pequeñas grandes vivencias que no quiero ni debo olvidar. Muchos días siento dentro de mí la necesidad urgente de subir a Galicia y luego me arrepiento, pero quiero hacerlo algún día por algún tiempo. Cuando me siento muy cansado pienso en las islas aquellas del Pacífico, en los atolones de coral donde nunca hace frío, pero a la par que en el cocotero que nace junto a la playa y donde irremisiblemente iré algún día, por mucho tiempo –cuando me pierda que me busquen allí–, no cabe duda que también, estoy seguro, escucharé la llamada del bosque verde y subiré hasta Galicia. Muchas veces pienso que lo que me gustaría tener en la antípoda de mi deseo es uno de esos pazos llenos de historia, con un palomar y un cruceiro, con mazorcas de maíz, manzanales dorados y un valle profundo y suave donde aúlle el lobo. A lo lejos, eso sí, la ría. Un paisaje en la niebla donde volver. Sé que me sentiría crecer por dentro muchas cosas.

Aquella borrachera de niño

–Es más, nunca me emborraché en mi vida. Jamás.

Pero dice mi madre que quizá la única vez que lo hice fue un día siendo muy joven, siendo un niño, con diez años, de un tazón de vino de Ribeiro que me bebí de un tirón en Cangas de Morrazo, donde veraneábamos siempre, o en aquella casa que tenían mis tíos en Orense... Voy a decir más, mucho más, y que me perdonen los madrileños: Galicia es el sitio donde yo debería haber nacido, donde yo querría haber nacido, y donde no nací, por supuesto. Pero tengo más arraigo galaico que por ningún otro lugar en mi vida. Y además me siento galleguísimo. Por ejemplo, en eso del dudar. Soy muy gallego. Soy constante. Trabajador incansable. Un poco desconfiado. Muy amante de mis cosas, de la tierra lejana. Yo he sido, soy, como un emigrante de lujo, pero un emigrante en fin, que salió un día con una maleta de su casa buscando fuera el oro que no había dentro de su frontera. Lo que pasa es que mi maleta llevaba dentro una guitarra y un puñado de canciones. Otros, que los he visto mucho por ahí, lo que llevan en su maleta atada con cuerdas son retratos de los suyos, la ropa fundamental y algo de queso de su lar, que a mí además me pone un acento verde en el paladar. En mi casa, aunque estamos a cuarenta de temperatura, se come muchos días pote gallego. Y debo decir que prefiero la pequeña manzana de Galicia a la hermosa manzana de California. ¡Ay la fruta de mi país, pensada y añorada en la distancia!

Soy un poco meiga-brujo

Sé que me estoy poniendo gallego. Lleno de morriña, pero así soy. Me siento muy meiga-brujo. Creo que hay cosas que están a mi alrededor y que yo no puedo manejar, ni controlar. Yo recuerdo siempre con mucho cariño y a la par con mucho miedo las largas caminatas que me pegaba subiendo con mi padre al Soto, anocheciendo, por entre aquellos riachuelos pequeñitos llenos de sonidos que parecían humanos... sintiendo ese miedo que te pone, todavía, la carne de gallina. Pero ¡qué recuerdos tengo yo de Galicia! ¡Cuánto ha influido en mi música! Mi música, si la escuchas, está llena de sonidos gallegos, está llena de..., digamos, letra de la nostalgia. La muñeira, la tradición, otra vez la gran palabra... Y debo decir más. No es que me interese la tradición gallega, es QUE YO SOY LA TRADICIÓN GALLEGA, que no es lo mismo. Respondo totalmente a las fórmulas que identifican el carácter, la personalidad gallega. Mi madre, siendo madrileña, es una mezcla asombrosa de Puerto Rico, Cuba y Andalucía, pero no debemos olvidar que mi padre se llame Iglesias Puga, que es un apellido, son dos apellidos, tradicionalmente gallegos. Mi padre viene de sus abuelos gallegos, de sus tatarabuelos gallegos... La raza viene de ahí, es la más fuerte, de más lejos. Por otro lado mis primeros años de veraneo, antes de que fuéramos a Peñíscola al encuentro

225

con el Mediterráneo, eran a Cangas, al hostal Pote, luego a las islas Cíes...

Tanto, tanto la recuerdo, que ésta es el tirón más grande que siento. Es la única tierra del mundo a la que siempre "quiero volver". Y sin embargo, y lo digo con un cierto asombro no exento de dolor, Galicia es la tierra de España que quizá menos me quiere, artísticamente. ¡Y he cantado tanto a Galicia!... Muchas veces quiero saber a qué se debe eso, y lo pienso mucho y le doy vueltas en mi cabeza hasta que llego a la conclusión de que quizá es porque no sé hablar gallego, a mi incorrecta pronunciación. Digo yo. A lo mejor o a lo peor no debía decir como digo lo del canto a Galicia, de que no es un gallego perfecto, pero en el sentimiento vaya si lo es...

Es un himno nacional gallego y quiero que se sepa... ¡y ha recordado tanto, por ejemplo, a los nietos de los emigrantes cómo era la tierra en la que nacieron sus abuelos!

Los nietos han visto llorar a los abuelos, yo los he acercado mucho más a Galicia con mi canción que de otras muchas formas. Ése ha sido sin ningún género de dudas el himno nacional de un pueblo en la emigración. Dicho así, escrito así, en estas páginas que deben, que quieren ser verdaderas, puede parecer casi un sacrilegio, como un atropello frente a otras canciones importantes y auténticamente gallegas, pero es verdad, y siento que es verdad...

No está lejos de mí el que el final de mis días sea un poco de tierra húmeda junto a un pazo en el que esté a mi puerta, grabado en piedra por buenos canteros de Pontevedra, que son los mejores del mundo y con los que yo me encontré por todos los rincones de este planeta nuestro, entre camelias, el escudo de mi madre...

Y además, "quien bien te quiere te hará llorar". ¿No dice así ese refrán español, que viene de la noche de los tiempos?

226

EL SECRETO ES LA MAGIA, Y LA VERDAD

*Por qué pasará la canción "De niña a mujer"
a la historia de la música*

Tengo el sentimiento más grande que la capacidad. Dicen a nivel popular que eso pasa "cuando uno tiene el ojo más grande que la tripa". Me pasa así con el marisco, que me gusta pensarlo, tenerlo encima de la mesa, y me cansa pronto, y quizá me ocurre lo mismo con la mujer. Quemo etapas muy rápidamente. Soy una persona que quiero y necesito siempre más. Es por eso porque quiero que me planten las palmeras de veinte metros ya alrededor de mi casa. No me puedo permitir el lujo de esperar. Es por eso por lo que escribo pocas cartas y uso tanto del teléfono. Algún día tendré necesidad urgente de escribir una canción al teléfono, como ya han hecho muchos otros.

Cartas pocas, muy pocas, quizá quien tenga más cartas mías, de amor, ya lo he contado antes, de verdadero amor, sea Guendoline. Yo creo que no he escrito más de diez, doce cartas en toda mi vida. Firmar un autógrafo, poner una breve dedicatoria al pie de una foto me cuesta trabajo, no sé por qué. Yo tengo prisa, y la carta es lenta, por ejemplo. Es una gimnasia esa de descolgar el teléfono maravilloso. Como la que debo hacer todos los días, junto a la piscina, es necesario que la haga, necesito hacerla, es fundamental, no debo sentir que se me van anquilosando los músculos del vientre.

Por otro lado, es una gimnasia fuerte, que me congestiona, no es fácil, necesita de un esfuerzo, levantar las piernas, moverlas en el aire, con las manos puestas en la cintura, tendido en el suelo, uno dos, uno dos... Tengo que tener bien flexible el cuerpo. Es una de las secuelas de aquel terrible accidente al que sin embargo debo tanto que no olvido que ante aquella muerte pequeña nació un día el cantante que ahora me tiene que soportar hora tras hora...

Y además, esta gimnasia es necesario que la haga, aun viajando, esté donde esté, me encuentre donde me encuentre.

Pero debo hacerlo. Porque no tengo tiempo. Si me preguntan que por qué cambiaría todo esto, siempre digo lo mismo:

–Por un poco de tiempo.

Del año me falta siempre un mes, del mes necesito siempre un día más, de cada día una hora para usarla al máximo. ¡Ay si no hubiera desaprovechado esos cinco minutos, que nunca tengo! Y en ese quemadero constante estoy. Voy de prisa. Sé que piso más fuerte de la cuenta el acelerador, pero no puedo remediarlo, ni quiero. Pienso que no tengo suficiente tiempo para hacer todo lo que quisiera hacer, y me revienta, por ejemplo, decir que duermo mucho. Comprendo que duermo mucho. Ocho horas de un tirón en la noche y sin tomar pastilla alguna. Y luego una larga siesta en la tarde para poder vivir la noche trabajando, si es que estoy en el estudio de grabación, otras cinco horas. Hay quien dice que durmiendo siesta el día se convierte en dos días, y yo lo hago siempre que puedo. Sé que en ese sentido he quitado muchas horas de vida a mi vida, pero también es verdad que gracias a eso he podido quizá sobrevivir. Tengo poco tiempo, necesito más tiempo para vivir. Creo que era Onassis el que decía que el que mucho duerme, poco vive. Puede ser verdad. Pero si no duermo lo que necesito, me muero. Prefiero ver una planta, un árbol que tenga treinta y cinco años, diez minutos seguidos, y refugiarme a su sombra, que ver cómo crece durante quince años. Aunque en esto de los árboles soy muy especial, prefiero los árboles útiles, los que dan fruta, por pequeños que sean, a los que dan sombra. Quiero disfrutar de las cosas que ya están hechas, pertenezco a una especial sociedad de consumo. No puedo perder tiempo, no quiero, no...

Y menos mal que me duermo como piedra, que dicen los mexicanos, en cuanto caigo a la cama. Más aún después de hacer el amor. Pero es inevitable que me conecte un poco antes con lo que ha pasado en el día. Lo que hice. Lo que no hice. Todo como en una película de urgencia, lo veo en pocos segundos, quizá en tanto llega el sueño inevitable. Pienso en las tonterías que hice y dije todo el día, lo que debía haber hecho y no llegué a realizar. Yo soy además determinante y no determinista. Y creo mucho en el momento justo. En que hay que esperar. Yo espero mucho, espero ese momento justo, a que pase la presa, a que cruce ante mi objetivo para cazarla. En eso vuelve a funcionar mi intuición. Es en lo único que me siento cazador, en la oportunidad de lo que debo hacer, en ese preciso instante y no antes ni después.

Pero no he llevado nada encima que pudiera matar a alguien.

«Tengo por Pelé una enorme admiración.»

Físicamente, ¿por qué?, ¿para qué? Me encantan los animales. Aunque no me gustan los rastreros. Por supuesto que a ésos los odio.

Creo que no estoy diciendo nada original, y que me muevo en el terreno de lo que es absolutamente natural, pero lo que sé es que lo que digo es cierto.

No me gustan, no amo, los animales que arañan. No al gato. Sí al perro. Sí al tigre, al puma, al león. Sí al caballo, aunque no sepa montarlo. Y es curioso que de los pájaros el que más me gusta es la perdiz. No sabría decir por qué, quizá por su españolidad, no sé, por una cierta aristocracia popular que lleva dentro. Por su aguante, por su sentido campesino, por su belleza y su resistencia.

A veces los que tratan de encontrar su verdad, la que callas y la que dices, en lo que escribes, en lo que cuentas, se han asombrado de que prefiero una fruta pequeña con sabor a una fruta decorativa y a la par insípida. Y eso que tengo un enorme sentido de lo estético. Lo que ocurre es que mi paladar es fuerte. Me gustan los platos importantes, los sabores poderosos, las emociones intensas. Amo los sabores generosos. Odio el ciprés. Me va el olivo, y el álamo, y la encina. Me gustan además los árboles viajeros, esos que ve uno en la ribera de las carreteras, en la cuneta de los caminos, esos árboles que a mí me abren de par en par las ventanas del recuerdo, del sentimiento de viajar en coche... ¡he viajado tanto en coche!

Ahora soy una especie de flor de aeropuerto, es verdad, me paso media vida dentro de un aeropuerto; es más, he llegado a pensar que no hay monumento moderno más fascinante que el aeropuerto. Es útil, bello y moderno, si es que es moderno, necesario, es de este tiempo. Es el inmenso *hall* de la casa que vuela.

Pero, por otro lado, el coche está lleno de historias para mí. Mi automóvil tenía siempre, sobre todo cuando en los lejanos tiempos difíciles íbamos de uno para otro sitio por la geografía de las ferias de España en el verano, todo el aire del coche de un torero. Yo debo contar aquí que entre el torero de luces y el Julio Iglesias que canta, el del traje blanco o negro de alpaca, con chaleco o sin chaleco, hay una enorme similitud taurina. Frente a la sensación física, inmensa, de un aeropuerto que me ofrece inmediatamente una cierta fuerza como de libertad inmediata, lo del coche polvoriento por esos caminos de Dios, o del diablo, ha sido para mí de una emoción inevitable. Inolvidable.

El último avión

El avión, ¡ah el avión!, amo al avión. Creo en la erótica del avión. Tengo historias de amor en el avión. He amado mucho a una azafata nórdica, de la que tengo un recuerdo espléndido. Me gusta mucho hablar con las azafatas que me atienden en las líneas de América o de Europa. Me intereso por ellas, recojo sus teléfonos, me inquieta su manera de mirar, de comportarse, de sonreír. Y me han gustado siempre todas estas aeromozas, y no sólo ahora que viaja uno en los grandes aviones en la clase privilegiada, entre el champán del que tomo si acaso una copa porque quiero dormir en seguida –el avión me da mucho miedo, pero me emociona– y también algo de caviar, que tampoco me gusta. Prefiero una buena sardina en aceite. Lo lamento. Hablo de los aviones de antes, aún hoy en servicio sobre todo para algunos vuelos, por ejemplo, en Centroamérica.

Inolvidables aviones, avionetas de urgencia, aeroplanos a saltos de un sitio para otro. He viajado en todo, encima de todo. Conozco lo que es un bache de quinientos metros, la saliva seca de un avión de dos motores parados en la mitad de una tormenta de arena. Siempre digo lo mismo, me persigno en silencio, a escondidas, sonrío solo:

–Es el último avión que tomo en mi vida.

Pero continúo. ¿Qué haría si no? Una de las razones por las que vivo en Miami es porque éste es el aeropuerto que me acerca más todo el mundo en menos tiempo. Su comunicación es para mí un factor importante. Y eso que, por ejemplo, recuerdo el vuelo de la ciudad de México a la capital de Guatemala. Las paredes del avión vibraban, parecían dispuestas a saltar de una vez...

No es fácil, aunque así parezca, una vida como la nuestra. Hoy aquí, mañana allí. Pero bueno, tampoco puedo quejarme. O aquel día en el que se paró el motor en Contadora, una isla a la que quiero mucho, a mí me gustan las islas, adoro las islas, aunque a veces me den la sensación de que no tengo un avión para escapar... aquel día en Contadora en que salimos a dar un paseo por el archipiélago, en una pequeña barca de motor, con los músicos, y Alfredo Fraile, que tanto sabe de mí, que está cerca de mí, junto a mí, desde hace tiempo.

Contadora es una isla preciosa, a veinte minutos de Panamá. Está llena de cosas mías. De cosas buenas y malas. Me gusta el sol de Contadora y ese aire aventurero que tiene. Por otro lado es ya una isla con mucha historia dentro. Le viene de muy lejos, de cuando los barcos españoles naufragaban en los arrecifes de coral de sus bajos, o de cuando esperaban el paso de los galeones cargados de oro y plata, que venían hasta España desde Perú, aquellos piratas ingleses. Contadora viene de contar. De contar perlas, por ejemplo. Y además el general Torrijos, que es un viejo y querido amigo mío de personalidad arrolladora, ha querido darle una gran importancia a Contadora en la historia contemporánea.

Ahí se habló mucho, se dialogó mucho, de los tratados del Canal de Panamá, en Contadora vivió algún tiempo el sha de Persia, cuando ya estaba enfermo de muerte...

Bueno, pues a Contadora fuimos aquel día a dar un paseo por las aguas "tranquilas como la ginebra" que dice uno de los viejos pescadores, el capitán del *Zorra del Mar*, que me saca a veces a pescar desde la Marina de Miami, a la búsqueda del marling, con la carnada del pez escribano en las grandes neveras...

El agua quieta como la ginebra

El agua estaba quieta, es verdad. Íbamos de isla en isla, tomando el sol, ese sol fuerte que te saca la piel a tiras como no tengas cuidado. Ese sol que te hace enrojecer como un cangrejo. Y al cabo de dos horas de navegar, de pronto, tac tac tac, aquella motora que se detiene, el motor que empieza a fallar... un desastre. Y eran las dos de la tarde de un día en el que el sol panameño era una espada al fuego. Y por si fuera poco el capitán de la lancha nos aconseja:

–Mejor no sacar las manos al agua. Estamos en una de las zonas donde hay más tiburones del mundo.

Era verdad. Lo sabíamos. Yo conocía bien la narración de aquel Pepe el malagueño al que los tiburones habían devorado casi delante de nuestros ojos tiempo atrás. El motor ¡estaba inservible! El capitán o el dueño de la lancha, lleno de grasa hasta los ojos, nos dijo:

–Hay que esperar a que nos recoja alguien. Esto no tiene remedio.

Y el sol continuaba cayendo. Además la mar se levantaría seguro a eso de las cinco de la tarde. Nos separaban sólo dos kilómetros a nado de las otras islas, pero ¿quién era el valiente que se echaba a brazo, con lo que había dentro de las aguas tranquilas?

Seguía cayendo un sol de justicia, como dicen los escritores, y que es más bien un sol de injusticia, digo yo. La verdad es que estábamos sólo a seis o siete millas de la isla principal de Contadora, pero la barca estaba en la mitad de la calma chicha y mortal, y nadie pasaba, nadie nos veía. Y el sol, sin nada que nos ocultara, nada donde poder refugiarnos. Una pena. Íbamos poniéndonos rojos, como centollos cocidos. Y nadie, además, se atrevía a remar porque ¿quién metía las manos en el agua?

Ahora que lo recuerdo, que lo voy anotando, que lo voy contando a mi fiel amigo, el magnetofón –aquello me causa una cierta sonrisa–, no era para tanto, me digo, pero a la par siento como que la piel se me enchina, que dicen los mexicanos.

Pasaban las horas, y aquello –la barca– no se movía. Ni una vela, ni una estela de agua, ni un ruido de motor en el horizonte. Hasta que a eso de las cinco el agua se encrespó, y a las siete una corriente nos fue acercando a una de aquellas islas donde viven algunos pescadores y hay una iglesia de madera blanca y tiene una casa de madera algún hombre conocido de los que pescan tiburones, deportivamente, aunque creo que ya se prepara de forma industrial en Balboa.

Unas horas tirados en la arena, comidos por los mosquitos, pensando en lo difícil que es vivir a lo Robinsón Crusoe, a no ser que tenga por compañera una criatura como la Brooke Shields, la muchacha de los diez mil dólares diarios de *El lago azul*. Menos mal que en la noche pasó un barco, y nosotros como en las películas, agitando como banderas los jirones de nuestras camisetas, nos pusimos en pie y gritamos... gritamos... ¡Esto nos salvó!

Llegamos a Contadora de madrugada, con un frío que nos helaba, que nos llegaba hasta el hueso. Yo sé que no es una aventura alucinante, pero hoy, cuando aquí, tendido al sol, la recuerdo...

Con las alegres chicas de la noche

Aparte de que a mí no me gusta mucho recordar. Por otro lado, no he anotado en mi vida una sola línea. Sé que Alfredo sí que lo hace todos los días en esos libros rojos que le acompañan siempre en nuestros viajes. Por ejemplo, Alfredo sabe bien de aquellas noches que para comer teníamos que cantar entre canción y canción, entre atracción y atracción, en aquel bar de la luz roja fuera, donde estaba doña Lola, y compartíamos la guitarra con aquellas dos alegres chicas de la noche, por llamarlas de una forma caritativa. Cantaba una, y me daba paso a mí, me cedía la silla y la guitarra, yo cantaba *La vida sigue igual*, y realmente es que la vida seguía igual, y en aquel ambiente de cabaret de puerto de la canción *Tatuaje* o de novela de Graham Green, yo después de cantar cedía otra vez la vieja guitarra entrañable a la otra muchacha morena que terminaba generalmente en los brazos de algún marinero o de algún turista valiente. Porque había que tener valor para hacerlo.

Fue en una isla del Caribe, de la que sin embargo tengo un recuerdo ciertamente grato. Se sufría en muchas cosas, por ejemplo en eso que se llama la dignidad, pero había que comer, había que reunir unos dólares, y no teníamos más que hambre y no de éxito ni de aplausos precisamente.

No cuento esto para que me tengan lástima, sino por que se sepa que no todo ha sido para mí un lecho de rosas. Vaya si no. Claro que no. He cantado al pie de las pirámides de Egipto, en el Coliseo de Roma, en la Filarmónica de Tel-Aviv, en el Madison de Nueva York, en aquel estadio en ruinas del Líbano, en el Casino de Beirut, al pie del Olimpo en Grecia... sí, ya lo sé... ¿pero y hasta llegar ahí?

Más de un camino de espinas. Más de un lejano dolor de estómago. Pensiones llenas de pulgas, colchones con chinches como leones. He dormido más de una noche en un banco, porque no había dónde dormir, porque no teníamos un dólar, y no en un banco de los de guardar dinero, sino de los del parque, abrazados a la guitarra. He dormido en el coche, dentro, como los maletillas, he actuado en pueblos donde sólo había una luz eléctrica, una sola bombilla en el cielo, y una enorme cantidad de gentes que iban a ver cantar al señorito.

La cigarra y la hormiga

No ha sido fácil. Hubo momentos de desaliento, de querer echar marcha atrás, de dejarlo todo a cambio de algo. Pero siempre volvíamos al camino, y cantábamos donde había que cantar, y cobrábamos si había que cobrar y escapábamos si había que escapar. Pero todo esto ha ido haciéndome, a lo largo de muchos años, de quizá quince, así como soy, sin que haya perdido mi esqueleto aparentemente débil, pero fuerte, a la par romántico y realista.

El balance ha merecido la pena, ha sido positivo, claro que sí. Y si alguna vez me preguntan por la fábula de la cigarra y la hormiga, digo lo que debo decir, lo que siento, lo que es verdad.

—Cantas —me preguntan—. ¿No eres más cigarra que hormiga?

Y yo respondo ante el general asombro de mis interlocutores:

—No. Soy más hormiga que cigarra.

Hormiga, hormiga siempre. Trabajo, trabajo. Lo que ocurre es que sé que puedo echarlo todo a perder en un instante. Sé que soy fuerte y débil al mismo tiempo. Yo sé que soy un trabajador, un obrero de esto fundamentalmente. Lo que pasa es que en ocasiones la magia pone sus dedos de fuego en mi casa. Sé que tengo magia. Lo sé. No la he heredado. Cuando hablan de *El Cordobés*, al que siento mucho, por el que tengo una enorme admiración, me dicen que hay una frase feliz que lo define claramente: "Si la Providencia pone a uno la mano sobre la cabeza, lo convierte en un elegido. Pero en el caso de Manuel Benítez el torero cordobés, es que la Providencia lo ha tomado en brazos." Bien. Lo acepto, pero no deja de ser más que una frase brillante. *El Cordobés* tiene magia, pero además de la magia tiene el esfuerzo de cada día. ¿Qué sería de mí sin la propia disciplina de mi trabajo?...

Yo no es verdad que mi afán perfeccionista lo utilice para compensar mi posible falta de fuerza física en muchas cosas. No. Yo soy un triunfador consciente. Soy una persona que sabe que tiene éxito. Por eso nunca canto nada que no me crea de verdad. Si lo que tengo que cantar, si lo que me traen, por bueno que sea, no tiene credibilidad para mí, no lo canto. Llegan cada día a esta casa, o a la oficina, o a eso que ya se llama por ahí la multinacional Julio Iglesias, canciones de todo el mundo. Las mejores. Hace unos días, muy pocos, la hija del general Eisenhower llamaba a mi teléfono de Nueva York, porque tiene una canción suya que quiere que yo cante. De Italia llegan cada día centenares de letras con mensaje dentro.

Belfiore, que tiene una vida apasionante, está más cerca de mí, porque lo que me dice es creíble, yo puedo protagonizarlo. Tony Renis también. Las letras que son mías, las de Ramón Arcusa, me las creo. Las hago para mí. Soy consciente de que uno de mis éxitos es por eso, por aquella canción de Machado, aquel poema que decía:

A todos nos han cantado,
en una noche de fiesta,
coplas que nos han matado.

De esa credibilidad nace mi verdad. Y también elijo aquello que sé que tiene magia. Los andaluces le llaman "duende". No sé si será lo mismo. Sé bien lo que es magia y lo que no. O sea, me lo creo, o tiene magia, eso es todo. Y entonces me hago un profundo reconocimiento de mí mismo. "Eres capaz de hacerlo, Julio, adelante."

Y hasta que no lo hago me vuelvo loco, ando como desesperado, lo notan los míos, sospecho que hasta despido como el olor de la fiera en celo, pero al final lo tengo y descanso. Poseo en el disco, siempre, una confianza ilimitada. No me equivoco generalmente. Eso es magia. Intuyo lo que puede ser "lo mejor" y entonces trabajo en ello hasta romperme. Hasta que me vacío. Por eso cada disco mío es como si me volviera entero del revés, como si exprimiera hasta lo último de mi vida y de mi muerte. Sé que en muchas discotecas privadas, en muchas casas de entendidos, hay cuatro o cinco discos grandes míos, y eso es difícil, tanto como convertir en *best-seller* cuatro libros durante cuatro años.

Pero ése es mi destino, y lo entiendo. Sé que la limusina que me espera cada día al llegar a Nueva York, y el apartamento de Waldorf, y que me envía la CBS, mi casa de discos, por ser el que más discos vende de los suyos en el mundo, están ahí esperándome día y noche, y flores en el salón y la gorra del chófer que habla tres idiomas, y la botella del mejor champán francés, y las modelos están ahí, esperándome, porque vendo discos como nadie. Y sé también que el año que no sea así, volveré a tomar el taxi amarillo que hay a la salida del aeropuerto Kennedy, y nadie tomará mis maletas, y acudiré al viejo hotel de los primeros días, cuando iba uno con su último acetato bajo el brazo y los ojos abiertos a la sorpresa.

Por eso, en el trabajo y la magia de saber lo que puede valer, entre la verdad, el esfuerzo, la constancia y el duende, está lo que podríamos llamar parte del éxito de Julio Iglesias, entre milagro que ahora me creo y que no sé dónde me puede llevar, aunque no tengo miedo y sé que este álbum que va a salir ahora mismo ya será como los demás. No es un exceso de confianza en mí mismo, es que sé que está viva la magia y que he sido en este caso cigarra, cantando, y hormiga trabajando, y que he tardado mucho, más que nadie, en el laboratorio de los sonidos, partiendo siempre de una canción sencilla, que sea verdad. Eso es todo.

Y debo decirlo: en esto me equivoco poco. Para equivocarme mucho ya tengo mi propia vida fuera de la música. Ramón Arcusa dice que yo tengo "la rara intuición de darle a mi público lo que a mi público le gusta". Pero, ¿cómo acertar con veinte millones de compradores de un disco? ¿Cómo llenar los estadios? ¿Cómo, con esta voz, que no es muy fuerte, que tiene más calidad que cantidad, voy a conseguir lo que estoy consiguiendo y que a veces me despierta en la noche y me asusta?

¿Pero qué es lo mágico?

Todo tiene su respuesta, y esto también. Sé que hay canciones mías que están hechas digamos que en un "cierto estilo de gracia". Canciones que pasarán los años y seguirán ahí y las cantará todo el mundo. Lo sé. Puede haber canciones que sean más populares, por ejemplo, que esta última mía, que está escrita en un avión, rehecha de una idea que me envió de Italia Tony Renis, *De niña a mujer,* y que he dedicado a mi hija Chaveli, a la que amo tanto, pero sé también que no habrá canciones que tengan la magia que tiene ésa.

La magia es divina. Yo no necesito nada para que esté conmigo.

Tampoco tengo que emborracharme. Alguien, Camilo Sesto, un compañero y amigo, ha escrito también de mí que me encuentro en una especie constante de borrachera de la gloria, que me hace tener una resaca de filosófica forma de ser constante. No es cierto. Yo tengo los pies en el suelo, y aunque sé que lo que me está pasando es enorme, no me viene grande. Lo voy ajustando a mi medida exacta. Pero sí creo que la magia es divina. Y no es constante.

Aparece y desaparece. La hay en mi canción *Un canto a Galicia* y yo me doy cuenta de su resplandor. La hay en una frase tan sólo de aquel poema: "Caminante, no hay camino; se hace camino al andar", de Machado. Muchos dicen que ése es el genio. Vale. Puede ser. Pero mi palabra ideal es magia.

Últimamente sé que hablo mucho de la magia de *De niña a mujer,* pero es comprensible, es mi última gran canción. Sé que comenté en alta voz un día:

–Ésta es la canción del millón de dólares.

Es mucho más que todo eso. Me quedé corto. Lo fue desde su nacimiento. Un día estábamos trabajando Manolo Díaz y yo y decidimos: ¡vamos a escribir la letra de esta canción, de la que tenemos ya la música! Eso es muy difícil de hacer. Ajustar un pensamiento, un sentimiento, a una melodía que ya existe no es fácil, verdad que no, bien lo sabe Dios que no. Y de repente dije:

> *Y entretanto te estaba inventando*
> *de niña a mujer.*

Que sientan lo que yo siento

Era bastante, la magia había llegado, en su absoluta espontaneidad, como un rayo de luz sobre el papel blanco. Valía la frase. Quizá era todo, pero faltaba hacer mucho más. Yo me di cuenta de que estaba escribiendo para Chaveli, claro que sí, para mi hija, y pensé al mismo tiempo que mucha gente podía pensar también que había algo freudiano, difícil, como una especie de complejo de Edipo en el texto de la letra. Pero seguí adelante. Volví a asomarme a la letra con un poco de miedo, como el que se asoma a un barranco profundo, y volví a escribir... esta vez en un avión desde Miami a Venezuela, donde esperaba mi llegada *la Flaca*, el día de los enamorados por más señas. Lo que era una niña de veinte años, en principio, se convirtió de repente, totalmente, en mi hija Chaveli. Y todo salió bordado, rápidamente, inmediatamente... hasta el final...

Tanto es así que el secreto, la magia de esa canción, que yo sé que de muchas formas ayudará a mi hija, aunque algunos pueden pensar que la va a perjudicar –no sé lo que dirá su madre, puesto que Chaveli va hasta en la portada del disco en una fotografía que es de las que más me gustan y que tengo frente a mi cama, grande, dentro de un marco de oro y bambú–, es que lo que digo es verdad y sé además que hará llorar a muchos padres que, como yo, "estén viendo crecer a su hija". Sé también que muchos van a pensar que de alguna forma yo acudo otra vez al recuerdo de mi mujer, de mi ex mujer, de Isabel. Bueno, es nuestra hija mayor, y nuestra vida está ahí y ella es el resultado de ese amor que fue. Chaveli un día me pidió, hace algún tiempo:

–Papá, ¿por qué no me haces un día una canción que sea sólo para mí?

De niña a mujer tiene la "magia" de que es verdad. De que lo que ahí digo lo siento y demuestro que es verdad. Sé que se le abrirán a mi hija con esta canción definitivamente las puertas de la popularidad. A veces me asusta un poco. La van a traer y llevar por ahí. Lo hago porque la quiero. Es el ser humano que más quiero en el mundo, y lo digo siempre. Bien. Que le deje ese sitio en la efímera gloria de cada día su padre, no es malo, es parte de la herencia que ahora quiero que disfrute en vida. Muchos pueden pensar, van a pensar que no es bueno hacerlo, que debe ser una niña que siga adelante en su vida sin que se le creen complejos de lo que es lo popular, que no tenga que vivir perseguida por los fotógrafos... pero debo decir que ésa es la carrera, la vida de su padre. Debo decir, con toda la vehemencia del mundo, que desde que nació, desde antes de nacer, ha sido lo que sus hermanos, más pequeños, alguien que estaba ahí, y que formaba parte del mundo de su padre, de su pequeña o su gran gloria, de su profesión.

Una emoción para Chaveli

Lo que me gustaría mucho es que a Chaveli le gustara. Hablo mucho con ella por teléfono. Me escribe a veces cartas, a escondidas de su madre, pienso que desde el colegio. No tiene un carácter fácil. Tiene la piel de su madre y mis ojos. Es lista, difícil y brillante. Tiene lo mejor y lo peor de los dos. Ahora me hace que yo le envíe postales para una colección que está haciendo en el colegio, con sus amigas. Postales desde donde vaya, de los países que visite. *La Flaca* la quiere mucho y a mí me gusta que la quiera. Es rebelde y soñadora a la vez. Mi hija Chaveli tiene magia.

> *Eras niña de largos silencios*
> *y ya me querías bien.*
> *Tu mirada buscaba a la mía,*
> *jugabas a ser mujer.*
>
> *Pocos años ganados al tiempo*
> *vestidos con otra piel,*
> *y mi vida que nada esperaba*
> *también me quería bien.*
>
> *Te extrañaba ya tanto*
> *que al no verte a mi lado*
> *ya soñaba con volverte a ver,*
> *y entretanto te estaba inventando*
> *de niña a mujer.*

Esa niña de largos silencios
volaba tan alto que
mi mirada quería alcanzarla
y no la podía ver.

La paraba en el tiempo pensando
que no debería crecer,
pero el tiempo me estaba engañando:
mi niña se hacía mujer.

La quería ya tanto
que al partir de mi lado
ya sabía que la iba a perder
y es que el alma le estaba cambiando
de niña a mujer...

Me apasiona la letra. Lo que dice "humedece mis ojos". No dejo de pensar en Chaveli cuando la canto. "Y entretanto te estaba inventando / de niña a mujer"; es hermoso. "La paraba en el tiempo pensando / que no debería crecer"; es hermoso. "Y es que el alma le estaba cambiando / de niña a mujer." Es hermoso porque es cierto. Ésa es una canción que tiene magia. Y si no, al tiempo. Quedará ahí para la historia de la música de este tiempo. Claro que en esta ocasión quien tiene la magia no soy yo, ni la canción siquiera. Insisto: es Chaveli, mi hija, la mágica.

POR QUÉ ME VISTO COMO UN TORERO
DE NEGRO Y ORO

Llego temprano al camerino. No quiero que me pase lo que con los aviones, que siempre arribo con el tiempo justo. No. Al camerino, a esa habitación donde me visto, donde debo vestirme, quiero llegar tranquilo. Es para mí una ceremonia especial esa de vestirse. Los que me ven, que siempre deseo que sean los justos, a ser posible muy pocos, comentan que "hay muchas cosas en común con ese momento tan importante, al que dan tanta solemnidad, de los toreros vistiéndose de mi país, en España". Yo debo decir que lo hago por intuición, porque sí, aunque de nuevo vuelve a salir esa palabra, preferida.

Nunca me visto solo. He visto vestirse a muy pocos toreros. Muy pocos. Yo diría que a dos o tres. Pero en tanto lo hago pienso que está sonando dentro de mí como una música especial, como un clarín. Tiene para mí también solemnidad, como un protocolo. Adriane, mi fiel secretaria chilena que fue durante mucho tiempo, aunque ahora ha vuelto a su tierra, donde trabaja en un canal de televisión, y que tan bien me conoce, sabe que lo que digo es cierto.

Generalmente, habitación de hotel, cuarto de cemento de un estadio, o elegante habitáculo de teatro brillante, con diván de diva, bombillas junto al espejo, o lo que sea, la verdad es que siempre será un sitio pequeño. Y si no lo es, yo lo hago inmediatamente, quiero convertirlo en un sitio para dos.

Me han dicho en más de una ocasión:

–Lo poco que tardas en desnudarte, y cuánto en vestirte, Julio.

Esto siempre lo ha dicho, claro, alguna chica, sobre todo alguna chica que me conoce bien, pero no deja de ser un chiste, una frase. Lo que sí he leído es que a los gladiadores les pasaba igual, y lo mismo a los boxeadores, aunque parezca que sólo llevan al cuadrilátero sus pantalones de seda, las manos vendadas y unas zapatillas de cordones rojos, aparte de ese albornoz en el que siempre brilla su nombre de forma desaforada en la espalda. Y es que esto

241

de vestirse para salir a cantar debe tener su misterio, su silencio, al menos lo tiene para mí. Porque es salir a torear, a luchar.

Yo quiero que exista a mi alrededor en ese momento, en esa larga media hora, una zona de silencio, ésa es la palabra. Me importa poco que vaya a cantarles a unas mil parejas del Casino del Líbano, con la exquisita concurrencia de una gala con cubiertos de oro macizo o a un gentío formidable que suda y que viene de lejos, muchos de ellos descalzos.

Silencio, por favor

Silencio para vestirme. Y una persona sola para ayudarme. Creo que me han vestido pocas personas y que me han desnudado muchas más. Llevo la ropa por partida doble, aunque para mí la ropa siempre es la misma. Parece la misma, pero Caraceni, que es mi sastre actual, tiene mis armarios llenos de trajes de seda o de alpaca, blancos, negros, azul marino, el azul marino es mi color preferido. Es igual que me ocurre con las camisas. No sé las que tengo, digamos que más de cien. Mi sastre es el que viste a Agnelli, por ejemplo. Me cuesta muy caro, pero yo siempre quiero tener lo mejor, pero no lo mejor para mí, sino porque mi público lo merece. Me gusta el chaleco en el traje, y el traje cruzado. Y me gustan las dos prendas que digo, porque las dos ajustan la parte más difícil de mi trabajo, el estómago, de donde sale la voz. Días atrás Plácido Domingo me lo confirmaba:

–Sí, es de aquí de donde sale.

Y se señalaba el diafragma bajo, a la altura del ombligo, que es por otro lado donde yo siento esa mano grande que me aprieta. Hay veces que exclamo:

–Esa voz que sale del corazón.

Y me señalo la mitad del pecho, casi a la altura del estómago. Por eso necesito que vaya ahí muy justa, muy apretada, las costillas, el pecho cercado fuertemente, que casi, casi a primera vista no me permita respirar. Hay muchos que han escrito, en lo que podría llamarse "una teoría del triunfo de Julio Iglesias", que el chaleco es clave para mí. Sé también que hay ya muchos cantantes que llevan chaleco desde hace algún tiempo a un escenario. Pero en mí no hay superstición, sino necesidad de llevarlo. Es como lo de las camisas, que deben ser de seda, de color hueso, no absolutamente blancas, y sobre todo que lleven los puños a su altura. En el Festival de Viña del Mar, en uno de los días más difíci-

«¿Pero soy de verdad el hombre más elegante de España?»
(En la foto, Julio Iglesias, en Londres, con bombín,
paraguas y un ejemplar del «The Times» bajo el brazo.)

les y a la par más hermosos de toda mi vida como artista, en la última noche, perdí, perdieron, se extraviaron mis camisas, y tuve que salir con una sucia y prestada. Todo el mundo vio que me estaban muy largas. No llevo gemelos. Me va bien que estén los puños ajustados a las muñecas. Atados con su botón natural, y nada más. En escasas ocasiones, creo que nunca, me he puesto gemelos, mancuerdas, como dicen en América. No sé si el día que me casé los usé. Creo que no. Bueno, como aquella camisa de Viña me dio suerte, ya no la voy a dejar de llevar conmigo en mi vestuario. Y ya lo sabe mi fiel Fernando Plaza.

También quiero que estén los zapatos, negros siempre, italianos, levísimos, como si hubieran sido ya usados. Me gusta que los domestiquen delante de mí, inclinándolos, doblándolos, suavemente de fuera a dentro, y no al revés. Los zapatos, cómodos, son muy necesarios para mí. Deben mantenerme cómodo y ligero. Como si fuera descalzo. Creo que lo ideal sería cantar descalzo, pero no desearía sentar un precedente. Así que...

Con el faldón fuera

Me visto sin mirarme al espejo más que al final. Pongo mi camisa primero, la abrocho, de arriba abajo. Después el pantalón. Nada hay como un calcetín blanco de esos de jugar al tenis, pero no voy a llevarlo al escenario, así que calcetines de seda negra. Tampoco uso cinturón, no me hace falta. Me ajusto el pantalón, con el faldón de la camisa fuera. Eso siempre me peino así. No es bueno que yo guarde primero el faldón de mi camisa antes que el pantalón. O sea, debe quedar fuera un rato hasta que incluso me haya puesto la corbata. Una corbata normal, de seda, oscura, sin dibujos. Pero el pantalón casi me lo clavo, me lo coso poco menos que a mi propia carne, como si fuera otra piel para mí. Ahí es donde dicen que más se parece la ceremonia del torero a la mía. Porque la persona que me ayuda debe balancearme el cuerpo colgándome, de uno a otro lado, hasta que aquello queda como si formara parte de mi propia carne. Con el chaleco me pasa lo mismo. Lo voy abotonando despacio, si es que me pongo chaleco, y quiero que me haga daño, si acaso que me apriete. Son pequeñas cosas, pero ya les digo que todo eso es muy importante para mí. Me hace mucho más fuerte, me sujeta en el escenario. Hay quien dice que el éxito de mi forma de estar encima del tinglado maravilloso es ése, el chaleco. "Porque yo hice aparecer el chaleco cuando era una prenda de desván, muerta, después de aquellos muchachos de los cabellos largos y los pantalones vaqueros."

Siempre, desde que tenía veinte años, me ha gustado vestir así. No hay en eso otra pose que la de que es como soy. Es entonces, generalmente de perfil, cuando me miro algo al espejo. Grito a veces, mirando al techo:

–¡Ahhhhhhhhhhh!

¿Pero soy de verdad el hombre más elegante de España?

Y si hay mucha gente a mi alrededor, me pongo de espaldas en un rincón, como un chiquillo castigado, y trato de despegarme de los que me rodean. Lo siento. No quiero un zapato muy limpio, el smoking, el traje de gala lo uso si no hay más remedio, y jamás usé tirantes, no me hacen falta. Como soy muy delgado, no le es difícil a mi sastre el vestirme. Por otro lado, aguanto mucho las largas pruebas y hay veces que de un tirón he soportado veinticinco largos minutos de veinticinco trajes diferentes que luego a la hora de la verdad eran los mismos.

No me gusta ser espectacular, no quiero tener una pose erótica, sino digna y elegante. Así que tampoco me importa mucho el que en un traje ajustado pueda dar una sensación de exhibicionismo. Ustedes me entienden. Pero cuido también esos detalles, no me gusta llamar la atención. ¿Para qué? Lo importante es responder a esos títulos que acepto, pero que me divierten un poco, del hombre más elegante de esto o de aquello. Alimentan mi vanidad –a ningún perro le amarga un hueso–, pero tampoco lo hago para ganar ese trofeo. Si viene por añadidura, vale. Fernán, un gran periodista colombiano, amigo mío, yo tengo muchos amigos y enemigos periodistas, ha escrito alguna vez:

–Este que pasa por ser, según la crítica, uno de los hombres más elegantes de la tierra, gusta de ir por la vida vestido con un traje de hacer footing, y con unas zapatillas de lona.

Y así me visto. Es entonces quizá cuando, apretados los machos, en término taurino, intento desearme suerte. Pero lo hago para mí mismo. Fuera, al otro lado de la puerta, siento hervir la gente, los periodistas que vinieron de los más distintos lugares con sus magnetófonos, los fotógrafos con sus cámaras de motor eléctrico, "esos amigos de toda la vida", las muchachas que han podido escapar a la vigilancia férrea de los que me protegen...

Pero van entrando poco menos que de uno en uno. Estoy es-

245

perando disciplinadamente la hora, el minuto de salida. Me gustaría siempre en ese largo segundo encontrarme conmigo, pero no es fácil. Pido siempre un poco de agua sin gas. No como generalmente nada antes de salir a hacer lo que tengo que hacer. Y ya sé cómo voy a estar esa tarde, o esa noche, porque no todos los días se siente uno lo mismo. Sería desesperante. Incluso otra vez en el símil de lo taurino, hay tardes malas y tardes buenas. Yo las he tenido y las sigo teniendo y las quiero seguir alternando, porque eso indicará que no soy una máquina, sino un ser humano. Y eso es lo que quiero demostrar siempre a todo el mundo que está a mi alrededor. A todo el mundo que quiera saber de mí. Eso es lo único que me mueve a escribir este libro.

"Soy un desastre"

Aparte de que yo no soy un ser humano perfecto. Sería espantoso. Yo soy absoluta y totalmente imperfecto. En mi gran imperfección, en todas mis contradicciones, está mi triunfo, si es que lo tengo. Soy circunstancial, emocional, soy un desastre. Y ése es el gran atractivo de mi vida, lo que me llena hasta la boca. Cuando acabo, y vuelvo empapado de sudor al camerino y trato de preguntar a todo el mundo con los ojos, con la voz:

–¿Qué tal he estado?

Hay veces que quien me conoce bien me dice:

–¡Qué grande has estado, monstruo!

Y yo lo agradezco. De la misma forma que aquella noche en que tomándome del brazo me han dejado caer al oído:

–Jamás se pudo estar peor, Julio.

Y lo he sabido antes. Pero el que me lo digan, aunque luego me escueza y me convierta esa noche, ese día, en un ser irascible, en el fondo me hace sentirme vivo, y si lo pienso despacio es una cosa que me llena de alegría.

En eso no me pasa lo que sé que les ocurre a algunos toreros, que saben desde por la mañana que van a estar pésimos. Por el viento, "por qué sé yo". No. Sé que he tenido un mal día solamente al final, cuando ya lo he hecho, cuando me acuesto, en ese momento final, en que hago el recuento antes de que aparezca fulminante el sueño.

Otra cosa es el disco. Ahí sí que no quiero equivocarme. En lo demás sí, porque estoy hecho de carne, de barro, de hueso como los demás. Y hay días en que pienso mucho que debo descansar y que tengo que esperar el momento justo, espero ese momento, ya lo he dicho antes. Pero a mi público, a mi gente, a la que se ha quitado quizá el pan para comer de la boca por venirme a ver cantando, debo salir a darle lo que tenga en ese instante y que puede ser todo o nada, a veces no veo, a veces siento temblar los tendones de mis pies, a veces parece que me mareo, pero siempre, siendo débil como soy, aparezco fuerte, y sobre todo asomo a mi mundo como soy.

No quiero defraudarlos ni engañarlos. Por eso debo decir verdaderamente que nunca pensé en suicidarme seriamente.

¿Seriamente?

Seriamente. Por eso debo decir que no me importa que el sol que tomo me termine arañando la piel, convirtiendo en un canceroso de piel. Mi hermano Carlos, que es un excepcional doctor de oncología, uno de los más grandes expertos en la cirugía del cáncer de mama, y que lo ha dejado todo, su carrera fulgurante, vocacional, por estar junto a mí, a veces me regaña con lo del sol, pero sabe que eso forma parte de mi vida y que no me lo voy a quitar, me pase lo que me pase.

Y el caso es que no uso ni abuso de la lámpara artificial. No sé cómo es. El sol, sí, el sol ahí arriba, el sol tostándome entero. Siempre he creído que de ese sol bebo, chupo yo, como un vampiro, la fuerza que tengo, que en ese sol cargo mis baterías, que mi pila tiene la energía solar que ahora está buscando el hombre para las máquinas de forma desesperada, sobre todo cuando se están encendiendo las luces de peligro del petróleo que ya falta.

¡Oh sol, mi dios!

El sol. ¡El sol! Yo siempre que pronuncio, no que escribo, la palabra Sol, ¡oh sol, mi Dios!, lo hago con mayúscula. Y el sol me duele, ojo. No me gusta tomarlo, como mucha gente cree, así como un lagarto panza arriba, es que necesito del sol, que no es lo mismo. Y eso desde hace quince años, desde que a los veintidós lo descubro como instrumento elemental de trabajo. El sol es para mí energético. Solamente pensar que voy a tener sol en el sitio donde me llaman para cantar, me hace el viaje mucho más corto. Es una lástima que en los aviones, estando tan cerca del sol, no se haya inventado todavía un solárium para recibirlo tan cerca. Es más, si algún día tengo un avión para mí, personal, pequeño y rápido, sólo para mí, pensaré si hay posibilidad de instalar un solárium dentro, para mí y para los míos. Una de las razones por las que me gusta el helicóptero, tanto que igual me compro uno inmediatamente, es porque, aparte su rapidez, está más cerca del sol, palabra.

Además, demostrado, tengo ideas mucho más brillantes al sol que a la sombra. Esta conversación, por ejemplo, está parida al sol, está contada al sol, letra a letra. Quizá se nota espectacularmente. Y estos últimos doce o catorce años de mi vida los he pasado, haciendo una media, como poco, de dos o tres horas al sol.

¿Por qué me gusta? Porque me da calor. Me gusta verme con una piel quemada, morena, me parece que me brinda un buen aspecto. Me permite hacer televisión sin tener que maquillarme. Yo no llevo nunca cajas de crema conmigo. Y además mi piel ya aguanta la caricia o el látigo ardiente del sol sin hacerme daño, al menos aparentemente. Y hacer cine... y querer ser como soy. La gente que me acompaña, mi secretario por ejemplo, sabe que sólo debe poner en lo más urgente, de mano, un cepillo para el pelo, que no se me cae tan alarmantemente como muchos peluqueros creen en todo el mundo y se pasan el día enviándome folletos y tratados milagrosos para que no me quede como Yul Brinner. Gracias. Y además un espejo redondo, y una maquinilla de afeitar no eléctrica, sino de verdad, de las de hoja, porque tengo una piel dura en la cara con algunas señales de mi juventud, que no llegan a ser cicatrices, pero que de cerca se ven. Creo que aguanto un primer plano, todavía, con cierta naturalidad y los fotógrafos americanos se pasan el día afirmando que tengo un buen *look*.

Lo prefiero a la sombra

Agradecido.

Lo que pasa es que eso de tomar el sol así como así no es un deleite. Tampoco soy tonto. El sol porque sí, pero molestándome mucho. No siempre estoy deseando tirarme encima de una toalla, a ser posible en un sitio privado, donde tampoco estalle la romería, porque sí. No es bueno porque molesta mucho, porque quema, porque pica tomar el sol como un cangrejo. Pero lo hago con un gran esfuerzo de voluntad. Porque quiero estar así, y debo hacerlo. Es más, puedo decir que es para mí esta soladera un constante sacrificio. Yo no soy un ser insensible ni tengo la piel de un elefante. Forma parte de mi oficio, y agradezco al sol todo, y le haría ofrendas rituales como se las hacían los antiguos aztecas. El sol me induce una serie de actividades, está su palabra redonda y luminosa en muchas de mis canciones, acabo de escribir una que se llama *Isla al sol*, almuerzo a mediodía al sol, desayuno al sol si puedo, y si me permiten los invitados que tengo en casa, como junto a la piscina, y desnudo de cintura para arriba, de cara al sol, aguantándolo. Pienso mucho al sol, más que a la sombra, instalo mi oficina por unas horas al sol, hago gimnasia al sol, recibo las visitas al sol, y cuando hace sol me siento una persona absolutamente distinta.

Mejor.

También es verdad que hay soles y soles. Soles de un lugar, soles de otro. Soles de una hora, soles de otra. Yo me inclino siempre primero por mi sol, que es el mediterráneo que me ha visto crecer, en el que he nacido a la vida. Es un sol al cual trato de tú, un viejo amigo, le conozco bien. Luego está este otro sol, el caribeño, o el antillano. O el sol blanco polar, de tantos días. O el sol del Pacífico, que te proyecta además encima la sombra de la persona que está junto a ti. Eso es muy importante. A veces el sol con alguien, pero el amor a la sombra. La conversación al sol. Una copa de vino al sol, una cerveza alemana con mucha espuma al sol. Una naranjada al sol.

Aunque el sol... lo mejor es tomarlo a solas. Aquí quiero estar solo. No que me vigilen. Pocas fotos hay de Julio Iglesias tomando el sol a sus anchas. Y si las hay están robadas, o yo sabía que se estaban haciendo.

Y entramos otra vez de lleno del sol a la soledad, que son dos palabras que al menos en su raíz etimológica son paralelas, se parecen mucho.

El sol, en efecto, a solas. Muchas horas del día quiero estar a solas. Deseo estar a solas, necesito estar a solas. Mi vida está llena de horas a solas. Y como yo, me imagino que todo el mundo. No es nuevo eso de sentirse a solas en medio de una multitud, ¿verdad? Pues a mí me pasa muchas veces, cuando me pregunto hasta dentro:

"¿Pero qué haces aquí, Julio? ¿Por qué?"

Y es entonces cuando inicio otra vez la huida. Los que me rodean saben cuándo me pasa algo similar, cuándo necesito la soledad. Y hay ocasiones en que sé que estoy grosero, me levanto de la mesa y me marcho. Yo lo diría de otra forma más fuerte: Cuando no aguanto, me largo. Odio, cada día más, las posturas formalistas, lo que pasa es que todavía, todavía, no sé por cuánto tiempo lo aguantaré, pido perdón, y me retiro. Cortésmente, pero me voy.

¿Cómo escapar de mí?

Es por eso por lo que el sol, aunque se convierta en el eje de mi vida diaria, al menos quiero disfrutarlo yo solo, en silencio, pensando cuatro cosas a la vez, que hay ocasiones en que siento que me hierve la cabeza. No ceso de pensar al sol, es como si tuviera otro sol dentro. Por eso me siento también una persona de isla. De isla al sol, se sobreentiende. El sol de una isla me atrae mucho más que el sol de una geografía atada a la tierra, de una península. Y no me pregunten la razón. Lo que ocurre es que prefiero que la isla esté comunicada, para cuando me sea posible, cuando lo necesite, pueda huir hacia adelante, pueda escapar.

No sé si era un pensamiento de sor Juana Inés de la Cruz, la monja escritora mexicana, que decía:

"Tanto tiempo, Señor, intentando huir de mí sin saber que cada vez que intento escapar voy siempre conmigo."

Parece chino, como de Confucio, pero es muy español, muy mexicano y me gusta. Y además es verdad, porque reconozco que en muchas ocasiones esto de tener encima, dentro de mí, a Julio Iglesias, es un tormento superior a mis propias débiles fuerzas.

Pero me aguanto. Cada día menos. Me soporto. Me voy haciendo a mi piel. Voy permitiéndome el lujo de tomar el sol, tampoco quiero, en el momento que lo necesito, que lo deseo, cuando es urgente cargar mis pilas. Ahí está mi uranio. Lo que agota a los demás que están en mi equipo y a mí me mantiene en forma, crispado, en pie, listo para atacar, listo para defenderme.

Me adapto a todo tipo de sol. Y también, debo decirlo, a todo género de sombra. La buena o la mala sombra, que es un sentimiento tan nuestro. Porque lo que sí es verdad es que hay gente que tiene una aura positiva, y otros que irradian negatividad constantemente. No sé por qué, pero eso pasa y lo noto a mi alrededor. Sé dónde hay un "gafe", o alguien que siempre va a decir que no, o aquel que no te permite soñar, o el que sólo te trae negros nubarrones y tristezas. Yo soy vitalista y necesito que me llenen de ilusión. Hay gentes que tocan positivo y gentes que tocan negativo. Yo, por ejemplo, sé que doy suerte. De un tiempo a esta parte es frecuente leer en los periódicos "que todo en lo que pongo la mano, como ese rey Midas de la leyenda, lo transformo en oro", bueno, no sé si será verdad, pero me encanta escucharlo. Ahora lo que no debemos olvidar es que la suerte se va. Llega un día que cierra la puerta con fuerza y se va.

«No me gusta ser espectacular, no quiero tener
una pose erótica, sino digna y elegante.»

Hablamos de la suerte

La suerte está llena de pequeñas suertes que configuran el hecho formidable. Y yo es que he elegido la suerte, no es la suerte la que me ha elegido a mí. ¿Cómo se elige la suerte? Trabajando, porque se han juntado constelaciones, planetas, porque yo he querido tenerla junto a mí, hacerla mi novia eterna, claro que hay suertes y suertes y no hay una suerte total, uno puede tener suerte en una cosa y desgracia en otra, ¿no? Me han leído las manos muchas veces. Yo no creo ni dejo de creer en eso, pero siento duda y sobre todo presto atención. ¿Por qué no?... Hay las mismas respuestas que al no, al sí.

Yo soy consciente, me lo han dicho muchas veces, de que tengo una rara fuerza interior. La emano. Por lo visto la expando. Se me ve. Nada más conocer a una persona –y lo experimento y me da sudor frío–, y ya sé lo que me va a decir antes de que abra la boca. He empujado puertas sabiendo lo que había detrás de esas murallas simbólicamente. Me han leído hasta en el fondo de los ojos. Dicen que soy distinto a muchos otros seres humanos. Me da miedo creerlo, pero lo creo. Conozco mi magnetismo. La clave está en que rechazo de inmediato todo lo negativo por fuerte que pueda ser, y pongo en marcha lo positivo. Me hace daño lo que no camina hacia adelante. Porque la verdad, lo cierto, es que me influye mucho lo que está a mi alrededor. La gente que me rodea es de importancia capital para mí. Por eso debo elegirla cuidadosamente. Pueden hacerme importante, y pueden también destruirme.

Y si veo que está ocurriendo lo segundo, me lo quito como el que se desprende de un gabán o de un impermeable, con toda la frialdad del mundo. No es la primera ni la última vez que he dicho:

–Que esa persona no vuelva a entrar en esta casa. Que no vuelva a cruzar el dintel de mi puerta.

Y nunca me he equivocado. Venían a llenarme de piedras los bolsillos, a empapar mis pies de plomo. No es éste ni mucho menos un sentimiento menopáusico ni arbitrario; puede parecer cruel, pero ha sido cierto, porque el tiempo después me ha dado siempre la razón. No hay juez más inexorable que el tiempo.

Por eso me gusta la soledad –como alguien ha dicho– del triunfador de Kondo. Esa soledad en la que veo cómo siendo un muchacho, un niño, hace tantos años, una mujer que miraba el secreto de las vidas de las gentes en el fondo de los naipes –como hay quien las mira en el poso de los cafés y hasta en las grietas y las arrugas del ano, sitio al que acuden con frecuencia artistas consagrados de todo el mundo para conocer no su pasado, sino su futuro–, he aquí que esta mujer me dijo:

–Tú, chico, te casarás con una mujer oriental, vas a tener tres hijos, harás muchos viajes...

Y yo era un pobre crío que estaba empezando a vivir. Ni a Isabel conocía por supuesto. Y fue en Málaga donde me aseguraron que tendría una larga vida, cosa que me consuela con frecuencia, y que...

Soy egoísta, supersticioso...

Me dijeron casi todo. Pero no me siento profundamente supersticioso. Es más, soy tan egoísta que soy supersticioso sólo con aquello que me conviene, lo que dice muy mal de mí, pero es así. O sea que soy terriblemente supersticioso en las cosas fundamentales. De todas formas, me persigno antes de salir a actuar, rápidamente, claro que esto es más bien tradición, o devoción, y toco madera antes de subirme a un yate que no conozco...

Y no me atrevo a creer en el diablo, aunque me han dado pruebas de que existe, de que está ahí, aquí, quizá dentro de nosotros mismos. Más bien creo en el "diablo cojuelo" de nuestra literatura. Creo en la conciencia más que en ninguna otra cosa. Y en lo que pasa más que en lo escrito. Y me interesan más las leyendas vivas que las leyendas muertas. O sea, eso que ocurre en la Historia sin que tenga uno que morirse. Leyenda es lo que se escapa de la realidad, lo que está por encima de lo demás, lo que se hace mito, lo que se hace historia, lo que tiene –nunca me cansaré de decirlo– resplandor.

Vivianne Ventura insiste que yo tengo resplandor. Y otras muchas gentes inteligentes lo afirman, también lo han escrito. En los libros de parapsicología está previsto que el fantasma del más allá tiene veinticuatro átomos de kriptón que lo hacen visible. No sé. Lo que sí estoy seguro es que yo no sé si lo tengo, pero sí sé de gentes que he conocido y que han tenido, que tienen ese resplandor. Y en muchas ocasiones lo he visto más que en ningún otro en las gentes más sencillas. Gentes que han adoptado posturas trascendentales dentro de su mundo pequeño, hechos que proyectados a un nivel más amplio pueden ser epopéyicos, casi cósmicos...

Lo que sí creo es que todo el mundo debe ser consciente de la responsabilidad que tiene y con la que le han colocado en este mundo.

Valentino otra vez, con el que me comparan; insisto en el tema porque los recortes de periódicos que a veces veo, no todos porque necesitaría todo el día y yo mi tiempo lo tengo muy justo, no puedo perderlo leyendo cosas que escriben sobre mí, la mayoría de las veces de memoria, en la distancia... Valentino es el mito que nace del roce, del entronque de la curiosidad con el misterio, la leyenda. Cuando una persona se imagina a un artista, se lo imagina de una manera, a su forma, y si luego corresponde, en lo que lee, en lo que ve, con aquello que pensó, es cuando nace la mística del mito. La gente lo adoraba porque sabía poco de él. Eso es clave. Uno no puede, no debe tener un exceso de imagen. No sé si estaré poniendo todas las cartas, todos mis ases, mis fules, sobre la mesa. Pero creo que debo hacerlo y así lo hago. Pero sé que precisamente en lo que no se sabía de Valentino estaba su secreto. Y su fuerza. La imaginación es la que manda.

El lenguaje de Carlitos

En cuanto a Gardel, tenía una voz amplia, era un francés trasplantado en Argentina, una buena mezcla. Decía cosas bellísimas, barrocas, metafóricas, sugerentes y profundas. Hablaba el lenguaje del amor que sufre. Del amor del barrio y la prostituta, yo también tengo una canción hermosa para esas gentes del amor, a las que por otro lado no di más que canciones, ni un dólar.

Se llama *En una ciudad cualquiera* y debo decir que no fue eso que se llama un triunfo, pero era una canción –literaria– que encierra mucha verdad.

> *En una ciudad cualquiera,*
> *en cualquier habitación,*
> *donde se compran amores*
> *a plazo y a condición.*

> *Donde los nombres no importan,*
> *"Don Dinero" es la razón*
> *en una ciudad cualquiera*
> *y en cualquier habitación.*

«Me encanta la sonrisa de Grace Kelly.»

«En Holanda acaban de publicar que soy más famoso que el propio Rey de España en el mundo. No es verdad. Y si es así, es injusto. Pero son las frivolidades de la popularidad.»
(En la foto, con sus hijos y el periodista Jesús Mariñas, recibido en audiencia por Sus Majestades doña Sofía y don Juan Carlos de Borbón.)

Era un tiempo aquel,
aquella edad,
de querer saber un poco más,
de querer calmar mi temporal,
de empezar a amar.

Y luego ella se fue,
dejando atrás
un sabor a miel, a soledad;
no pudo calmar mi temporal
de empezar a amar.

No me pudo amar.

Y así te vi yo, don Nadie,
comprar acciones de amor,
acciones que luego al cambio
se quedan en un adiós.

Y le contaste una historia
para darte una razón
en una ciudad cualquiera
y en cualquier habitación.

Tiempo de un amor
que nada da,
sólo a cambio de...
después se va.

Tiempo de una noche
y un lugar,
tiempo nada más.

En una ciudad cualquiera,
en cualquier habitación,
viví una noche cualquiera
cualquier historia de amor.

Que todos somos cualquiera
no me digan que no son
en una ciudad cualquiera
y en cualquier habitación...

Tiene el aire de un tango. Es una canción triste pero es válida también. La he cantado poco, pero se ha cantado mucho. Lo sé. Y más de una carta de las que guardo, ya en sacos –con lo hermoso que sería guardarlas todas en una gaveta de plata de ese mueble que hay en el dormitorio– es de una de esas mujeres sin nombre a las que nunca da el sol. Una canción para Gardel, por cierto que Carlos cantaba con una letra más bella. Decía las cosas más bonitamente. Lo importante es el personaje. El personaje siempre. Porque está por encima del propio artista. Y en muchas ocasiones es más historia el personaje que su arte. Su mitificación es lo que cuenta. Es cuando titilan las estrellas. A Travolta se le nota, está ya en la galaxia de lo mágico. Y Aznavour también, ¿qué más da que no sea un hombre guapo? La Matieu, que tiene, tan pequeña, una voz tan grande, una voz de la cabeza a los pies, unos ojos increíbles, la voz más bonita de Francia.

¡Dejadme solo!

Y hablo mucho de Francia, porque me gusta Francia. Adoro Francia. Ya lo he escrito. Lo que hace con sus artistas, cómo los mima. España los destroza. Los quiere, es otra forma de amar, los machaca, es un sentimiento el nuestro masoquista. Los eleva para dejarlos caer, quiere hacer con ellos, queremos hacer con nuestros mitos, aquellos "juguetes rotos" de la película de Summers. Francia es vital, comiendo, amando, sintiendo, bebiendo, cantando. Nosotros somos más tremendos, más duros, más fieros. No sé si más verdaderos. El sentir de Francia es más universal. Es más anímico. Todos lloran, ríen, sienten igual. Pero no todo el mundo come igual, pero Francia ha inventado "el saber vivir", que nadie sabe hacer como ellos mismos. Nadie hay más francés que un francés. Esto puede parecer algo triste y pobre, de imaginación cansada, pero sé lo que me digo.

Pero lo que a mí me gusta por encima de todo, es ir solo por el largo pasillo que me lleva al escenario. Solo, dejadme solo, después de vestirme de luces y sombras.

¡Dejadme solo!

Los machos apretados, el corazón a tope, las manos en los bolsillos de la chaqueta, uno dos, uno dos, con ese inseguro paso mío, al circo, a los leones, los adorables leones que me esperan. Como si hiciera el paseíllo...

Sé que es una secuencia ésta muy cinematográfica, pero es

257

verdadera. De espaldas, alejándome del bullicio de allí donde me vestí, camino de allí donde voy a cantar... dejadme solo, los que me queréis, los que me conozcáis, dejadme solo entonces... ¡Quiero estar solo! ¡Cantando! Voy a cantar.

Como ahora. Quizá he cantado más de la cuenta. Yo lo que quiero es ganarme a ese que se aburre en la primera fila, ese que ha venido nadie sabe por qué. A por ése voy hasta que me rompo. Busco todo lo que tengo en mi alma para empaparle, para atraerle, para, primero interesándole, después hacerlo de los míos. Es la lucha invisible del artista con el espectador que va de paso, el que se ha perdido allí, que a veces ocurre, casi todos los días, nadie sabe por qué.

Voy por ese que no me quiere todavía, quiero rescatarlo, hacerlo mío, mía que esté a mi lado, dentro de mí. Que ya no vuelva a marcharse de mi alma.

Prefiero que me lancen objetos al terminar, lo prefiero antes que el silencio. A veces los aplausos son más pobres, menos calientes. Me siento morir. Yo no salgo ahí, al otro lado de los focos, sea donde sea, a otra cosa que a comunicar mi amor, mi desamor, mi desaliento, todo lo que tengo dentro.

"Ni por frío ni por caliente, sino por tibio, te vomito."

Me dan asco los tibios. Están estas palabras escritas en la Biblia. Me han lanzado monedas, todavía no me han arrojado ni salivazos ni gritos lesivos ni hortalizas...

No, eso no. Lo que sí escucho es, en distintos idiomas, las mismas frases, las mismas peticiones, idénticos sentimientos. Porque yo no oculto nada de lo que tenga ese día, lo saco todo al escenario, ajustado a mi piel, como mi traje. Si he llorado, si he reído, si me ha ido mal, si me ha ido bien, todo viene conmigo, y al abrir los brazos o al abrir la voz, lo doy, y quiero que además se me note.

Y si he de decir la última verdad sobre Julio Iglesias en el escenario, debo decir que en muchas ocasiones ha cantado para una sola persona, aunque hubiera cien mil llenándolo todo. Sobre todo algunas canciones en concreto. Lo que pasa es que eso, para mi suerte o mi desgracia, no es un tema que ocurra con frecuencia.

AUTORRETRATO FINAL

Los periódicos de hoy, que acaban de llegar de Sudamérica, dicen que he muerto en un accidente de aviación al cruzar los Andes.

Pero me toco, estoy vivo.

¿O estaré, desde hace años verdaderamente muerto?

¿No es sólo mi resplandor el que camina?

Algunas notas sueltas

Aquello primero que quise cantar, para ingresar en el coro de mi colegio y que no supe hacer, cuando aún no había cumplido los diez años, fue el Avemaría. Por eso, cada vez que la escucho ahora, en la voz de otros cantantes, siento una gran envidia. Algún día la volveré a cantar, la cantaré, y haré con ella lo mejor de alguno de mis discos. Lo aseguro. Porque aunque continúe tardando más que otros muchos en conseguir las cosas, por fácil que parezca mi trayectoria artística, la verdad es que al final lo consigo.

Porque no he perdido la perspectiva de la vida, y porque aunque se nazca con una especial predisposición al carisma, esa palabra maravillosa, en la que creo, lo cierto es que luego, la vida, la circunstancia, yo decía esto antes de haber leído a Ortega y Gasset, se encargan de colocarte en lo que es tu vía, tu camino definitivo. Siempre pienso que habría llegado a ser un abogado brillante. Quizá ahora fuera embajador en alguna república centroamericana. Tampoco me hubiera importado ser cónsul en Nueva York, que es una de las más hermosas ciudades de la tierra. Pero prefiero haber sido el autor de esa canción que se llama *Hey*, y que no está dedicada exclusivamente a nadie en particular. Es para una persona, pero es para todo el mundo también. Me alegra ver que se ha convertido poco menos que en un grito de orgullo y de rebeldía tanto para los hombres como para las mujeres.

¡Eh, tú!
no vayas presumiendo por ahí...

Se está cantando hasta en japonés y en tagalo. Hay versiones en coreano. ¿Quién me iba a mí a decir que yo pediría al experto que iba anotando nuestros nombres aquella tarde de Benidorm?:

–Pero ¿no podría usted cambiarme de sitio? ¿Por qué me saca el primero? ¿Por qué no me pone un poco más atrás?

Y temblorosamente le añadí:

–¡Es la primera vez que canto!

Recuerdos que voy encontrando después de una primera-última lectura de mi libro. No quiero quedarme con nada. Aquel hombre, que me respondió, riendo:

–Lo siento, hombre. Pero esta lista está hecha ante notario.

Como aquel traje que me había costado doce mil pesetas. El sastre de mi padre y el de mi abuelo me habían hecho dos trajes para "la gran ocasión" del primer Festival de Benidorm. Dos trajes, trescientos dólares. Veinticuatro mil pesetas, de las de entonces. Un desastre, porque además yo tenía los bolsillos absolutamente vacíos. Y me habían hecho dos trajes de una vez, uno azul marino y otro blanco. Manolo Otero, mi compañero, me decía, mientras yo me lo probaba una y otra vez frente al espejo:

–Pero, hombre, el blanco es el que te va...

–Sí, pero parece que voy a hacer otra vez la primera comunión, Manolo.

Terminé con el blanco, aunque me gustaba más el azul marino. Y gané. También aquel mismo día, aquella noche, instintivamente, me di cuenta que mi lado bueno para ser retratado era el derecho, lo que no tiene por otro lado ninguna implicación política, más que estética. Pero fue como un rayo de luz. Desde entonces el lado derecho ha sido el mejor para mí. Y también aquel día del éxito, desde la casa de Emilio Romero, desde allá arriba, vi amanecer por vez primera en mi vida. Y me gustó ese amanecer de triunfador, que no es lo mismo que un amanecer de derrotado. Desde entonces he sentido más admiración aún por este espléndido profesional del periodismo que tanto me ayudó en mi carrera. Como recordaré siempre que Manolo Otero, mi compañero de habitación de aquellas noches de los nervios, y las estrellas arriba, me había confesado a lo largo del viaje desde Madrid, a través de La Mancha ardiente, llena de grillos que cantaban:

–Quiero que sepan que vas a ganar, Julio.

Y gané muchas cosas. Gané, por ejemplo, a Guendoline, tan importante en mi vida. Quizá no haya contado bien que aquel mismo día del triunfo, bueno, al día siguiente de lo de Benidorm, nos fuimos a vivir al hotel Hilton de París, al pie de la torre Eiffel, la torre a la que tanto quiero y que van a llenar de discos de oro míos –120 exactamente– un día de éstos. ¿Dónde estará esa foto mía con Guendoline al pie del gigantesco mecano?... Guendoline estaba allí, escapada de su casa. Sus padres vivían en el norte. Y nos abrazamos juntos en el hotel francés. Tenía Guendoline dieciocho años. Yo, dos más que ella. Pero su madre apareció a la otra mañana en la capital de Francia, indignada. Estábamos nosotros arriba, en la habiación, cuando llamaron desde la conserjería. Lo he recordado esta noche, de pronto, y no he querido dejar de contarlo.

–Pero ¿qué haces ahí, hija mía? ¡Baja inmediatamente!

Los dos lo hicimos, temblando. Eran las diez de la mañana. La madre de Guendoline, que era una señora guapísima, acompañada de un caballero, que no era por cierto el padre de mi amor, nos increpó muy duramente.

–Estoy buscándote como una loca toda la noche. Éste es el quinto hotel al que llamo. Caballero –dirigiéndose a mí–, Guendoline tiene dieciocho años. ¿Qué es lo que quiere usted de mi hija?

Como en las películas. Hoy me hace sonreír, entonces era aterrador.

–Yo no pretendo nada, señora. Yo quiero a su hija y me siento muy feliz con ella.

–Pero ¿usted quiere casarse con mi hija?

Silencio.

Saqué fuerzas de flaqueza:

–Yo, señora, amo a su hija, pero ni ella ni yo queremos casarnos. Ésa es la verdad, señora. Estamos muy bien así.

Guendoline estaba callada en aquel rincón del largo sofá. El café y los croissants estaban fríos, helados. A lo sumo, la pobre chica lo último que susurraba era:

–Julio, cuéntale todo a mi madre...

Pero yo no sabía decir más. Menos mal que el señor que estaba con la madre de Guendoline era abogado y dijo alguna cosa sensata. Pidió que nos dejaran "por lo menos pasar el verano juntos" hasta que "viéramos si nuestro amor era lo suficientemente fuerte como para continuar juntos toda la vida". Ella accedió de mala gana, pero accedió. Bendita sea.

El amor en los maizales

Y nosotros volvimos a España, bueno volví yo, y fue cuando no nos dejaron dormir en La Toja, en el Gran Hotel, y cuando acabamos en aquella pensión, viviendo una tristísima historia de amor, en un habitación de paso, sin lavabo, con un baño común para un piso entero de huéspedes. Y por otro lado Guendoline era una muchacha de una familia muy rica. Vivían muy bien. Y yo, de triunfador por la vida, llevándola a aquella posada de camioneros. Las maderas estaban llenas de carcoma y hacían clic clic, y el colchón era de lana... Y es por eso por lo que nos fuimos rápidamente, como ya contaba en páginas atrás, a la casa de mis tíos, que nos separaron en Orense en dos casas distintas, no en dos habitaciones diferentes. Lo nuestro era, entonces, muy fuerte. Yo quería enseñarle a Guendoline algo hermoso, algo que le quitara el mal sabor de lo que estaba viviendo. Y la verdad es que no tenía suerte. Pero aguanté, y aunque vivimos uno en una casa y otro en la otra, aunque estaban juntas, y era un paisaje maravilloso, terminábamos el día, o la mañana, o la tarde, ¡haciendo el amor entre los maizales!

Y a todo esto siempre cantando mi canción otros. Los Gritos. Nunca decían mi nombre. Y la radio siempre con la misma historia. *La vida sigue igual,* pero sin Julio Iglesias. Eso también fue una lejana marca de fuego en la carne. "Yo he hecho esto, y yo no sueno." Algo tenía que hacer...

Sé que apoyo el divorcio, "porque es la mejor forma de distanciar a dos personas que no se soportan, que no pueden convivir". Y que el sexo es fundamental en el amor aunque en el fondo sean dos cosas distintas. Vuelve a aparecer la paradoja de mis confesiones. Pero forma parte de mi autorretrato. Digo que el sexo es un poco la recompensa al esfuerzo, un tranquilizante, al menos para mí, en mi vida. Llega incluso a tener el valor del sueño para mí. Y no es que tenga una obsesión continua, pero sé que lo necesito diariamente, lo confieso y no siento rubor al comunicarlo. Yo hago el amor todo el día, no diría que como el que debe ir al cuarto de baño, pero más o menos, aunque con más alegría interior. Puedo confesar que en los últimos quince años he hecho el amor todos los días de mi vida.

262

También está muy aferrada a mí la idea de la muerte, y puedo afirmar que aquella sensación fatal de mis días de paralítico la he vuelto a tener hace muy poco, semanas atrás, ya con este libro en marcha. He querido callarlo, pero he vuelto a pensar que tengo una cita ineludible y un deber insoslayable con ustedes. Y por eso lo cuento. Ha sido aquí, en la cocina de mi casa. La silla en la que estaba sentado se resbaló, y ¡yo caí de nuca al suelo! En el aire, total dos segundos, todo lo anterior apareció en mí, fugazmente, ferozmente. Estuve por lo visto treinta segundos inconsciente, pero me dio tiempo para decir las penúltimas palabras:

–¡Me he matado!

Volví en mí pronto. Y entonces pensé en aquel astronauta, creo que fue Glenn, que se medio mató en su cuarto de baño, porque pisó el jabón de mala manera, después de volver de la enorme aventura de la Luna.

Pero tengo un ángel de la guarda. Tiene mucho trabajo, pero no me deja. Lo noto. Es el que se ocupa de mi halo mágico. Es el que ha hecho que yo pueda decir hoy: "Me programo mi vida a dos años vista. Sé que es difícil que lo diga un español, pero lo estoy diciendo. No tengo prisa y sin embargo no levanto el pie del acelerador."

¿Frente al espejo? Esta mañana he vuelto a verme, no sé por qué, la barbilla. Es lo primero que miro. He sentido una cierta pereza para afeitarme también esta mañana. Quizá lo haga esta tarde. Ni siquiera me he colocado el reloj que llevo siempre. Sigue ahí, en la mesilla de noche, como lo dejo siempre, porque es lo primero de que me desprendo antes de dormir. Me gusta dormir desnudo, o por lo menos, para que no se me enfríe el pecho, a lo sumo, con una camiseta deportiva. No sé lo que es un pijama. Y además anoche cené algo de carne. De carne de vaca, se sobreentiende. Lo he notado. Siempre que como carne de noche duermo mal. Prefiero la tortilla de patata que me hace mi madre.

No hay dos Julio Iglesias

Sé, además, que soy eso que se llama un español dramático. Pero ya no puedo cambiar. Está en mis cromosomas. No me importa creerme un ilustre analfabeto, pero me alegra y me enorgullece saber que, aunque existan pocos libros en mi biblioteca, la verdad es que he aprendido más en las gentes que en los libros, en la proporción de uno a un millón. De la misma forma que sé que si me quedara calvo no me pondría peluca, nunca, nunca, sé también que no quiero nada artificial, y que he aprendido mucho más en una mirada que en una palabra, en un gesto que en un libro, y así recuerdo mi carrera, sí, mis años de estudio, pero sin interés. No me han servido para nada ni el código civil, ni el Derecho romano. Nada. No tengo libros, pero sé que tendré tiempo, ya veremos, para leer aquello que me interesa.

Me va lo salado, es un sabor que prefiero a lo dulce. Tengo en mi boca más prótesis de las que la gente sabe, y menos de las que voy a decir. No temo sólo a los cincuenta años que ya vienen galopando a mi encuentro, porque lo que me da susto son todos los años, a sentirme viejo. No hay dos Julio Iglesias, hay dos ramas del mismo árbol, que no es lo mismo. No sería capaz de vender mi alma al diablo. Prefiero un listo que un tonto, y al canalla que vea venir antes que al imbécil camuflado.

Sé que mi voz no es típicamente española, y que puedo cantar como un francés, y como un italiano, igual que ellos. Y sentir como un anglosajón, ya mismo. Porque mi voz no es una voz rota. Pero yo no la he provocado, es así, por las buenas. Como me sale. Yo tengo una voz mucho mayor que la que doy. Digamos que de cinco partes, sólo estoy usando una. Me siento más cerca del golfo que del aristócrata, aunque mi imagen de lo artistocrático la dé el traje, el uniforme. Es como lo del rolls. Lo que me importa no es lo que viste, sino el respeto que impone. A mí lo que me importa es que llevo un rolls, y al lado la crítica reciente de un periódico americano que ha dicho, sin que yo conozca al crítico:

"Es el artista vivo, en música moderna, más importante del mundo."

Eso es lo importante, lo demás es mentira. Incluso el rolls. No creo en la canción social o de protesta. A mí lo que me gusta es entretener. No soy nada ejemplar, ni soy un santo, pero soy honesto conmigo y con los demás. A nadie engaño ni pongo una pistola en el pecho para que venga a verme cantar o compre mis discos. No soy por otro lado una persona deshumanizada. Un niño desamparado me estremece, me echa toda la vida a los pies. No sé qué hacer cuando lo veo. Pero debo seguir adelante. No es ése un problema que se resuelva con una caridad, con una limosna, sino con una justicia total. De todas formas yo creo que es más importante ser desgraciado e inteligente que ser tonto y feliz. Mi cabeza es como una máquina electrónica. Tengo un cerebro de computadora, soy capaz de sumar de seis en seis hasta el final. ¡Y he sido tan malo siempre en matemáticas!

Todo esto lo he ido anotando esta noche, grabando en el pequeño cassette a saltos.

–De esto no me he acordado, y debo contarlo, por pequeño que parezca, por insignificante...

Soy un mito, no un genio

Y es que no quiero defraudarles. Me está pasando aquí como en el disco. Cuando tome el café con leche de mañana por la mañana, que es mi único vicio, tan español por otro lado, quiero estar contento conmigo mismo. Y darlo todo es lo importante. Contarlo todo es clave para mí. Hoy que me tengo que vestir, bien, esto es, con chaleco, porque tengo una de esas raras comidas a las que no acudo nunca, pero que hoy es irremediable. Sé que mi chaleco irrita en España. ¡Qué le vamos a hacer! Pero a mí me ajusta el pecho y me recoge las frases. Leeré el periódico, el *Miami Herald, El Diario de las Américas*, y si es domingo el *New York Times*, y si han venido las revistas y los diarios de España, porque el avión de Iberia los ha traído, mejor que mejor. Tengo un rato para leer, que me hace falta. Sobre todo los titulares. Porque a mí me interesa más un periódico de hoy que un libro escrito hace cien años. La televisión que siga ahí, como está, apagada. Porque es algo que me da lo que yo no quiero, si es que no quiero. Y la prensa puedo dominarla. Leo cuanto y como deseo. Sé que soy imprevisible, pero así soy. Me siento a veces idealista, aunque a ratos limito esa forma de ser porque pienso que es mejor tener los pies en el suelo, sobre todo cuando se mueve uno en un terreno tan práctico. Yo no soy el que decide, ni mi propia compañía, si se debe o no comprar un disco, o ponerlo en una radio o en una discoteca.

Es el hombre de la calle, al que yo trato de conocer, esa mujer desconocida en Laos o en Melbourne.

Por eso muchas veces me siento profundamente desconfiado. Y es por eso por lo que cada día estoy más seguro de eso: Soy un mito, no un genio. Hay muchas cosas en las que soy vulgar. Absolutamente vulgar. Ni siquiera mi sexo ha degenerado. Es más, creo que no tengo demasiadas grandes verdades que contar. Por eso, el ochenta por ciento de lo que por ahí se diga de mí es pura especulación. De mi vida, quien sabe es mi cama y mis amigos, y yo. Mis pocos amigos. Cada día menos.

265

En cuanto al tema de mi mujer, de mi ex mujer, puedo decir que mi divorcio no me costó nada, porque los valores monetarios en mi vida, el dinero, ya no es nada importante. Aquella nota que se publicó en algún periódico y que decía textualmente:

"Saliendo al paso de posibles especulaciones o noticias escandalosas que puedan tener origen en nuestra situación personal, conjuntamente nos consideramos obligados a explicar de una vez para siempre la determinación a la que libremente hemos llegado de separarnos legalmente.

"Ante todo el supremo interés por nuestros hijos nos obliga a resolver de una forma legal y amistosa nuestras situaciones personales.

"Las razones por ser íntimas quedan para siempre en nuestra conciencia."

Estaba hecha, redactada de acuerdo con nosotros dos, de total acuerdo. Isabel se ha comportado siempre como una dama, como una gran dama. Y materialmente no me costó nada, porque yo le di a mi mujer todo lo que me pidió, que no fue mucho, pero sí emocionalmente, y a ella también, porque teníamos que dejar en el camino muchas cosas.

Es fácil encontrar alguien mejor que yo

Me preguntan a veces lo que pienso del marido de mi ex mujer. Debo decir con toda claridad que a Isabel le habrá sido fácil encontrar a alguien mejor que yo.

No es falsa modestia, es la realidad. Aparte los valores públicos, no respondía nunca a los privados. Es decir, que yo sea un artista que tenga mucho éxito, y que atraiga a muchísimas gentes, no tiene que decir por fuerza que deba atraer de la misma forma a mi mujer. Sé además que mis hijos tienen además un gran respeto por Carlos Falcó. Y yo les hablo siempre con mucho cariño de esta relación a ellos. Ellos, que por supuesto saben distinguir entre quién es su padre y quién es el marido de su madre.

Pero sé también que él es bueno, generoso y bondadoso con mis hijos. Sólo lo conozco a través de mis hijos, de mi ex mujer. No desempeña el papel de padre, sino el de marido de la madre. No es un juego de palabras. Es así. El padre soy yo, aunque esté distante. La patria potestad es mía en todo sentido. Física, psíquica y espiritualmente. No hay ningún problema de competencia. De eso, debo decirlo también, se ha encargado muy bien su madre, quien sabe estupendamente distinguir cuál es la verdadera situación. En cuanto a los chicos, Julio es el que parece más filipino de todos. Es rápido, buen deportista. Enrique, el menor, es el más Iglesias de todos. No son muchachos extravagantes, ni traumatizados por nada. Viven y se dejan querer como los demás niños. Se crían muy mimados, como todos los hijos de matrimonios separados. Están sanos, son inteligentes, y Julio es mucho más ingenuo que Enrique.

De Chaveli ya he escrito mucho en este libro. Es para mí, como dicen en España, "mi ojito derecho". Se me nota mucho. Y no deseo ocultarlo.

¿Mis películas? No han sido de éxito. Quizá porque no soy un actor. O al menos, hoy por hoy, no soy un buen actor. Tengo la cabeza en otras cosas. El actor creo que es un ser humano que se prepara, que va a una academia –aparte de que nazca–. Hay que aprender dicción, movimiento, muchas cosas que yo no sé.

Me gustan mucho las mujeres guapas, pero no tanto los concursos de belleza. A veces pienso que son como una "feria de ganado". Pero luego entiendo que he tenido novias, bueno, "noviatas", como yo digo, romances, con mises del mundo y de continentes, y de grandes países, que han sido chicas espléndidas, pero no por haber sido eso, sino porque lo eran de nacimiento y de educación.

Mi vida no ha sido rosa

Me gusta el arroz. Soy desconcertante, quizá como este último capítulo. Me divorcié mucho más que por tener seis meses, como alguien ha dicho, un buzón abierto en Brooklyn. Lo hicimos porque teníamos que hacerlo. Y he insistido alguna vez que el día que supe que era libre no destapé ninguna botella de champán. Me gusta la canción esa que dice:

Mi amor es más joven que yo.

Mido uno ochenta y cinco, descalzo. Palabra de honor que sí. Peso setenta y dos kilos. Por ahí, en algún lugar, habrá una foto mía vestido de bandolero, de cuando yo hacía papeles de teatro en el colegio. Todos mis recuerdos se agolpan ahora mismo, tan vivamente como un relámpago en la tormenta de una noche fría y oscura.

A los diecisiete años empecé a estudiar Derecho. En el año sesenta y nueve actué en Brasso, Rumanía, y gané el premio "a la actuación más completa". En el setenta acudí a Cannes, y me encantó. Fue la primera vez que veía así la Costa Azul. Me emocionaba escuchar a Enrique Guzmán, a Mario Lanza. Mi vida no ha sido rosa, pero tampoco negra. Dicen todas mis biografías que juego al tenis y al golf. No es rigurosamente cierto. Sé tenis, pero no tengo estabilidad física para estar un rato corriendo de un lado para otro en la cancha. En cuanto al golf, me gusta el golf, pero no para ser ni siquiera un recogepelotas de Severiano Ballesteros.

Lo que sí me gusta es recordar las frases aquellas de Puskas: "Este muchacho, no sé si será futbolista –refiriéndose a mí–, pero lo que sí sé es que en lo que toque será el primero. Está hecho de la madera de los campeones."

La palabra inválido no me gusta. Y no quiero hacer publicidad de nada. Al menos públicamente, aunque estos días andan por mi casa pidiéndome que asome al mundo las naranjas españolas. Si lo hago es porque me gusta la naranja, porque siento lo que digo, y porque, aparte el dinero, es una fruta tan española. Tan mediterránea. Tengo mi película en la cabeza. Con un argumento mío. Algún día la haré, pero yo haré de Julio Iglesias. No estoy de acuerdo en que se diga "que sólo soy el cantante de las cuarentonas". No es así. No hay más que ver quiénes acuden a un concierto mío, o vigilar los que compran mis discos. Yo sé que no soy una cosa de hoy, sé que voy a durar mucho, al menos ahí, en el disco. Sé que terminarán llamándome "Papá Iglesias".

Ya lo dicen. Bueno, ya me han dicho de todo: "Fascinante latino", por ejemplo. "O el hombre que llega a las estrellas cantando cosas sencillas." Lo agradezco, pero pienso que no lo merezco. ¡Pero si sólo hago lo que quiero hacer, cantando! Poseo dos góndolas de oro, entregadas en Venecia por haber cantado en Italia mejor que nadie, bueno, más que nadie, como vendedor de discos en los dos últimos años, y eso que Italia es una tierra de muy buenos cantantes, de muy buenos vendedores de discos. Gianni Belfiori, que es letrista mío, un poeta espléndido, quiere que me compre una casa en Sicilia. No hace mucho vinieron a abrazarme dos viejitos admirables, cariñosísimos:

–Somos tan admiradores de usted... ¡somos los padres de Coppola, el director de cine!

Querían un autógrafo. El mundo, mi vida, está llena de cosas pequeñas y hermosas como ésta. Me gusta el paisaje con un sillón redondo grande, filipino, y una palmera cerca. Dicen que tengo los ojos de noche, de rayos laser, de azabache. No sé, pero lo que sí sé es que son castaños y que veo hasta el fondo, traspaso a las personas con la mirada. No me puedo quejar de eso, ni quiero evitarlo. No me disgusta que me llamen "ex jugador del Real Madrid" porque es lo que soy. Jean Cau me ha comparado a Tino Rossi, desde *Paris-Match*, y eso me ha llenado de alegría sobre todo teniendo en cuenta quién es Jean Cau, al que he leído en su libro espléndido *Las orejas y el rabo*. Porque yo me siento muy taurino en el fondo. Llevo quince años aquí en esto y no olvido lo bueno, como no sé olvidar, porque flota siempre, lo malo.

Las portadas de *Oggi*, la magnanimidad de *France-Dimanche*, de *Ici Paris*, de *Jours de France*. A los que me ponen al lado, para que corran junto a mí, como si esto fuera una carrera de caballos, los acepto, pero yo sigo, sigo, adelante. No tengo otra alternativa. Mi caballo, ahora, todavía, es ganador. Y además no soy feliz, pero tampoco soy desgraciado...

Porque creo que la fama no es una mujer demasiado fiel. Creo que no es un amor permanente.

Mi perro *Hey* es belga, no francés. A cada cual lo suyo, que igual protesta Sidney, o el perro, cuando pueda hablar y sea mayor, que al paso que lleva va a conseguirlo. También podrá el día de mañana escribir un libro sobre Julio Iglesias, porque algunos días duerme al pie de mi cama. No creo que se atrevan a hacerlo esas ¡dos mil quinientas mujeres! de que hablaba el otro día alguna revista y que habían sido por lo visto romances míos. No es para tanto. Tampoco voy a hacer números a esta hora de la mañana. Me habría muerto ya, sería un viejo renqueante... Bien está que me llamen "el nuevo *latin lover*", pero una cosa es eso y otra un récord. También me divierte y me asusta lo del *sexy simbol* del año ochenta. Sobre todo cuando a Mariana Novoa yo le dije en su momento una gran verdad:

–A las mujeres no hay que conquistarlas, lo que hay que hacer es quererlas.

Bien es cierto que han querido desnudarme en escena, y eran señoras finísimas, en algún país sudamericano, y que el espectáculo se estaba retransmitiendo en directo, pero tampoco hay que darle demasiada importancia al hecho. Es la circunstancia. Yo lo

«Yo no soy sólo un mito de papel. Estoy hecho de la carne y el barro de los mitos de este tiempo.» (Julio Iglesias en diversos momentos de su vida profesional: con el presidente Sadat, con Mary Santpere, con Manuel Benitez «el Cordobés», con John Travolta y con Miss Universo 1974.)

que no puedo es ir desmintiendo cada día los amores que me achacan. Necesitaba, y no lo tomen ustedes a una fatuidad, una oficina especial para este tipo de cosas. Por ejemplo, se ha dicho últimamente de una hija de Sadat; de la condesa italiana Marina Santa de la Rovera; de Bianca Jagger, con la que cené un día en Venecia y terminó apareciendo Mikke, su amor, hecho una furia... Una foto con Dalida en el especial para la televisión francesa desencadenó una campaña rosa de grandes páginas, y sólo habíamos estado juntos el día de la grabación, y algún beso de cortesía, bueno de cortesía y de admiración, y nada más, entre los dos...

Lo cierto es que soy un hombre austero. Alguien que sigue esperando el amor. Y que sabe que alguien le espera en algún lugar. Y que escucha esas voces en los recitales, en los conciertos que dicen:

—¡Quiéreme, Julio!...

Les presento a mi amante

Todavía no he tenido, que yo sepa, contactos con la mafia, aunque ya hay periódicos que lo han asegurado. Me encanta la sonrisa de Grace Kelly, la princesa de Mónaco, a la que sé que agradó particularmente mi última actuación en Mónaco. Y debo decir rápidamente que "no es mía la culpa de gustar". Es algo que viene de arriba y que no puedo remediar.

Recuerdo aquella primera plaza de toros en Benidorm, y el Orange Bowl de Miami... y me ratifico en que cuanto más aplaudan, más debe uno dar de sí. También diría que me gusta esa frase que a veces suelto:

—La soledad es mi amante.

Lo es. Como es auténtica, la de "Soy muy viejo para ponerme nervioso con nada". Lo malo es que luego la realidad es otra. No canto experiencias, sino emociones. Porque lo que sí es verdadero es que cuando gritan que me quieren, en este o en aquel sitio, sólo lo sienten esos tres minutos, «sé que no es nada toda una vida»...

Una mujer no es una cosa. No quiero que las flores se marchiten. Amo al *prêt-à-porter*, y mis trajes de hoy no llevan, generalmente, bolsillos en las chaquetas, sobre todo para que no tenga donde meter las manos, mi gran problema de siempre, aunque ahora, desde que he descubierto el corazón...

En el Olimpia de París un día, al sentarme en un taburete, lo cuenta Parrós, mi sastre español, se me rompió la cremallera de la bragueta. Fue realmente un momento dramático. Creo que lo han resuelto –a pesar de todo canté– reforzándome el sitio con un doble sistema. Igual algún día me crea un problema serio. Ya veremos. ¡Ay aquel azul turquesa de aquel concierto, en terciopelo! Parecía un nazareno. Recuerdo mucho los colores, como las chaquetas que pierdo tras las grandes concentraciones. Ya se sabe, una por actuación, siempre. Vuelvo hecho unos zorros al camerino. Pero esa "paliza" me gusta. Ahí sí soy masoquista total. Porque es la paliza del amor. Dicen que me hago cien trajes todos los años... igual sí. Lo que sé es que son muchos, aunque no demasiados...

He usado poco la hamaca, aunque me he retratado mucho en ella. Es exótico y a los fotógrafos les va. Bueno, es otra concesión a la galería. He jugado con Amancio hace muy poco al futbolín. Puede decir que soy todo, menos degenerado, alcohólico y drogadicto. Admito, no obstante, que soy comprensivo, con lo bueno y con lo malo.

Sé que soy una buena presa para la prensa. Reconozco haber dicho en alguna ocasión:

–Llevo una vida miserable.

Es seguro que lo he dicho. Lo asumo. Formaría parte de mi estado interior de ese día. Sobrevivo más que vivo. Es verdad. Si me quedo quieto, me abraso. También. No leo más que la décima parte de lo que escriben de mí. Juego con fuego. Hablo en alta voz, delante de los reporteros de todo el mundo. Muchas veces me engañan, me coge el toro de los titulares, me espían con magnetófonos ocultos. He sido culpable, en muchas ocasiones, pero no en todas. Sé que he dicho:

– Soy más sabio, más viejo, más solo.

No soy un mito de papel

¿Cómo no voy a aceptar esa autodefinición, si es cierta? Quiero que me digan Julio, sin apellido siquiera. Porque dice mucho de que vamos caminando hacia arriba. Pero ojo, yo no soy sólo un mito de papel. Estoy hecho de la carne y el barro de los mitos de este tiempo. Y debo darle gracias a Dios otra vez porque me ha tratado con mucho cariño. Eso sí, en este mundo nadie me regaló nada. Y sé muy bien que cada día me sale una cana en cada minuto de canción ante el público. Sin embargo continúo teniendo el cabello negro.

Es muy mío eso de "yo encanto más que canto". Reconozco no

ser tan fuerte como aparezco, pero prefiero ser llamado frágil a débil. Intento hacer las cosas lo mejor que sé, lo mejor que puedo. Siempre, desde que me levanto, estoy preparado, dispuesto a ganar, y también a perder. Recuerdo mucho más los rostros de ayer que los que he visto hoy. Y si alguno de los que están cerca de mí, de los que están más cerca, lo hacen "por lo que soy más de por quién soy", me suicido ahora mismo.

También sé por eso que podría empezar a morir ya en este instante.

Porque la vida es así. No tiene vuelta de hoja. Sé que me costó mucho trabajo llegar aquí donde estoy y que me va a costar más trabajo aún mantenerme. No es una frase brillante ni original, pero es cierta. Mi inglés es solamente discreto. Tengo, uso, un inglés más para defenderme que para atacar. Pero es demasiado tarde para detenerme ya. Sólo quiero morirme cantando, no morirme escuchando lo que canto. Porque tengo un enorme compromiso conmigo mismo.

–¿Debe usted mucho a su fracaso matrimonial? –me han preguntado miles de veces.

Y siempre he respondido así, porque lo siento:

–Si hubiera triunfado sentimentalmente, igual no cantaría lo que canto.

Sé que digo mucho, nunca demasiado, «si Dios quiere». Hay noches en que suena mi teléfono, lo descuelgo y sólo me escucho a mí mismo cantando. ¿Qué es eso? ¿Quién? ¿Qué quieren hacer conmigo de esta forma?

He podido comprobar lo difícil que es esta profesión de escribir, estos días atrás, haciendo además de periodista durante diez jornadas, en el *Mercurio* de Chile. Menos mal que hoy es lunes y me gustan más los lunes que los domingos, porque los lunes empieza una vida y generalmente yo me planifico entero. Salgo a la pelea con los guantes puestos... Un lunes es mágico para mí.

He escrito que no soy equilibrado. Tampoco tengo que dar grandes voces para demostrarlo. Y que el talento es una patología, una anomalía, como una maravillosa enfermedad.

Preguntas y respuestas

Tengo grandes caídas y grandes emociones. Admito que soy millonario en el tesoro de ser querido, pero pago por todo esto unos precios muy altos, pago, pago, pago...

Una de las personas que más me conocen es Adriana Ainzúa, chilena, que fue secretaria mía muchos años. Si la he necesitado, que le regalé en su momento aquella gaviota de plata que un día, una noche, gané en Viña del Mar. Ella recortó para mí de *Jours de France*:

"Es el más grande seductor del mundo del espectáculo, después de Valentino."

Ese titular no me dejó dormir aquella noche. En México han pedido los blindados, porque la policía no podía contener el río humano de los que querían arrancarme hasta la camisa. Gracias, gracias... Me alegra que me llamen, «el torero español», y a veces así me presento, en broma, a alguna azafata de país nórdico, que no ha visto, afortunadamente, mi foto en ninguna revista, aunque reconozco que si es así es porque no hace vuelos internacionales:

—Me llamo Julio, y soy toreador español... aquí mi cuadrilla...

Reconozco que ha debido ser muy difícil para Isabel estar casada con un hombre como yo. Acaba de sonar el teléfono, mi confidente:

—Me preguntan de Israel, donde vas a cantar en septiembre delante del Muro de las Lamentaciones, después de ir a ver a Sadat —es Alfredo—, si es verdad que has dicho tú que es Isabel quien quiso divorciarse, Julio. ¿Lo has dicho tú? ¿Lo pueden dar por válido? Es para una revista semanal que los judíos reparten por todo el mundo.

—Di que es verdad. Es lo cierto. Estaba harta de ver a su marido sólo en las fotografías de los periódicos, y si acaso en la televisión.

Las siete razones, dicen

Creo que ha sido *France-Soir* quien ha encontrado las siete razones de lo que por ahí llaman «mi seducción». Las quiero repasar con ustedes, mis lectores, mis lectores ahora mismo:

Primera: Dicen que soy elegante. Es la primera. Porque afirman que en ningún momento me quito la chaqueta.

A veces sí, a veces no, como la canción. Prefiero no cambiarme de chaqueta, aunque siempre termino quitándomela, o perdiéndola en las manos de las fans. Benditas sean.

Segunda: Da la impresión de que siempre estoy en superforma.

Puede ser por el sol que me abrasó esa mañana y las mañanas anteriores, y puede ser también porque hago gimnasia, que mi trabajo me cuesta todos los días. Pero la verdad es que a veces no saco al escenario, o lo olvido pronto, todo lo que tengo dentro.

Tercera: Sonreír; la sonrisa es fundamental.

Y la mano sobre el corazón. En España dicen: "La procesión va por dentro."

Cuarta: Hace creer a cada mujer lo que canta.

Lo intento, lo peleo, lo quiero demostrar, quiero que la gente reciba mi mensaje. Quiero ser el rayo que comunica mi emoción.

Quinta: Dicen que tengo el arte de la imagen.

Los americanos le llaman a esto el *look*. Es importante. Veo los fotógrafos aunque vayan vestidos de guardias y aunque lleven las cámaras de los espías. Sé cuando un reportero es un reportero aunque vaya vestido de viejecita. Los veo a mil millas de distancia. Exijo que las lentes estén instaladas en su sitio justo, o sea en el sitio que me beneficia. Lo sé, y a veces soy hasta excesivamente violento sobre este asunto, aunque ya, vean las arrugas que nacen alrededor de mis ojos, cada día más...

Sexta: Mezclar en la escena las últimas canciones que son éxito con aquellas que fueron triunfos en otros tiempos; incluso compuestas y cantadas por otros.

Verdad, ésa es la verdad. Quiero que la gente lo pase bien. Ya está el mundo lleno de problemas para que yo encima les fatigue. Pueden sufrir conmigo, bueno, pero ése es un sentimiento humano. Lo que ocurre es que siempre al final habrá un rayo de esperanza.

Séptima: Canto al amor. Siempre al amor.

Es mi argumento querido, el motor de mi vida. "Siempre canta al amor, pero con tal nostalgia –dice el gran periódico francés– que todas las mujeres que le están viendo sueñan que pueden consolarle." "Ése es el arte del seductor."

No soy un seductor

¡Ay si uno puede de verdad dar a cada mujer la oportunidad de que crea siquiera por un instante que es capaz de cambiar la vida de un hombre! Me considero satisfecho. Pero no soy un seductor porque quiera serlo. Insisto en que eso no es una facultad mía. Yo no peco de seductor. No me visto de seductor. Si lo soy, bendito sea Dios, pero debo decir que a la par que soy el ser más fácil de seducir, el hombre más seducido del mundo.

Hay días que me levanto con unos deseos terribles de subir en bicicleta. Y lo hago. He tenido hasta un profesor de bicicleta. Voy a darme una vuelta ahora mismo, parece que va a llover, pero lo haré por la carretera que bordea el campo de golf... por la isla...

Y así iré pensando también –el rolls me sigue despacio, por si me canso, o por si llueve muy fuerte– que es que cuando yo canto, lo que digo lo quiero compartir. Y es por eso por lo que a lo mejor las mujeres tienen deseos de quererme o ampararme. Me encanta sentirme protegido. Han escrito alguna vez que doy una sensación cálida, no es de hoy eso de que "quiero que me quieran"; es más, con ello abro este libro.

Me fascina el ojo de una cámara de cine, de televisión, de fotografía. Viene corriendo hacia mí mi sobrino Curro, hijo de mi hermano Carlos. Dicen que se parece mucho a mí. De alguna forma es de los que están más cerca de mi afecto. De lo que es mi familia donde están las veintitrés personas que me acompañan siempre, los siete músicos, los tres técnicos, el manager Alfredo, la secretaria o el secretario, los ayudantes...

Debo siempre mirar hacia delante. Quizá en este libro he mirado demasiado hacia atrás, pero es que así debe ser un libro. Más que de memorias, de recuerdos. "No hay mayor libertad que la de estar enamorado." "Yo perdí mi libertad cuando dejé de querer, o han dejado de quererme."

Así es. Pero todo sea por que cuando se estudie mi tiempo sé que estaré en él como cantante. No he ofendido a nadie cuando dijeron que, muerto Picasso, Julio Iglesias es el español más universal, más conocido en este instante. Incluso más que Dalí, que no quiso conocerme un día, hace años; en París.

–Pero ¿qué hace este chico habitualmente? –le preguntó a Sabater.

Yo le admiro mucho, tanto que he regalado este año unas vajillas en Navidad, de las que llevan su dibujo, su diseño y su firma.

Sólo la muerte podrá conmigo. Pero ¿no lo he dicho antes? Estoy más lleno de pensamientos, quizá, que de vivencias. Pero así es. Me siento coqueto, sí, a veces frívolo, pero en el fondo... Lo único que quedará de toda mi música será el amor que canté, que viví, que sufrí.

Mis dioses son el trabajo y la honradez. He cantado ante Tito, quiero ir a Rusia pronto, y en China ya se están confeccionando los carteles con mi nombre y mi sonrisa. Echo mucho de menos las madrugadas para tomar chocolate con churros en mi Legazpi, en Madrid. He dicho en alguna ocasión que al sexo como al paladar se le va ganando con la edad. Y también he contado que me gusta hacer el amor, pero no a lo bestia, sino disfrutando del paisaje...

Recuerdo mucho aquella comida, mediodía, Madrid, imborrable, en la que tanto hablamos de estas y otras cosas con mi viejo maestro, admirado Emilio Romero.

–El amor como gourmet.

Compro mi ración diaria de sueño con el aplauso de mi gente. Esa gente que hoy me hace decir, cuando vuelvo a pasear sobre el césped fresco con una vara en la mano como el gitano de la copla de Federico García Lorca, mientras otro de mis perros lobos come los mangos que se han caído esta noche del árbol que crece frente a mi alcoba:

–No ha sido necesario que me muera para que me quieran...

Han contado ya mi vida casi en fascículos, en pliegos de cordel, los ciegos me tocan la cara cuando me tienen cerca...

–Así es... sí, así deseábamos, así "sabíamos" que era.

Los sordos siguen mi música con el pie, "mirándome" a los ojos. He aparecido ya en fotonovelas. Están haciendo almohadas que llevan mi rostro. Por lo visto hay mucha gente que quiere dormir con una sonrisa de plumas de ganso de Julio Iglesias. ¡Cuánto tiempo ha pasado desde aquellas dos pesetas semanales que me daban en casa, como paga de niño, aquel niño al que llamaban "el Indio", cuando Cliff Richard era el mejor! Cuando mi abuelo el periodista descubre que he escrito un verso a una chica pero que es un verso copiado de un poeta clásico. ¿Será verdad que yo conservo en no sé qué libro esa flor ya seca de aquel primer amor de mi vida que se llamó María? Pero ¿dónde estará ese libro? ¿Dónde estará esa flor? ¿Dónde estará ese verso? ¿Dónde estará esa chica? ¿No formará todo ya parte de la leyenda?

¡Cuánto tiempo ha pasado desde aquellas primeras canciones que yo llamo de "la desesperación"! Claro que quizá fue una alemana el primer amor de mi vida antes que María. Siempre mi deseo de lo universal. Una germana en Peñíscola, aquella a la que le envié una muñeca con el escudo del Real Madrid al pecho.

También debo recordar algunos nombres: Eladio Magdaleno,

que me regaló la primera guitarra. Aquella que nadie sabe dónde está y que hoy quizá pueda valer lo que un stradivarius. Digo sentimentalmente. También debo decir que fue María Blasco quien me enseñó a tocarla. Y que el pub en el que yo cantaba en Londres se llamó Airport Cambridge y que me acompañaba cantando, o yo a él, un chico que estudiaba conmigo, de apellido Bassat.

Eran aquellos días de *Guantanamera*, de *Brasil*...

Hipersensible, extrasensorial. Creo que sería un buen médium.

Algunos días me preguntan:

–¿Por quién se cambiaría usted, ahora mismo?

Y siempre he respondido igual:

–Por Julio Iglesias, pero hace veinte años.

Seguro estoy que incurriría en los mismos problemas. Repetiría la misma vida interior. Seguirían no gustándome las escaleras. Seguiría siendo respetuoso con las mujeres. Seguiría no queriendo soñar. Buscando mis vaqueros. Apareciendo de otra forma de como soy, o queriendo aparentarlo. Porque hay periodistas, sobre todo mujeres, que me conocen desde hace tiempo y se extrañan mucho.

Éste no es mi Julio, que me lo han cambiado.

"Mirada de terciopelo"

Dicen. Pero yo no quiero que sea así. Sidney acaba de decir, en algún sitio, "que yo no me volveré a casar jamás, porque estoy casado con las miles, cientos de miles de mujeres que conozco y que me aplauden". Querida Sidney, es verdad...

Una de las cosas que más desearía en el mundo es que mi hija Chaveli no se sintiera hija de Julio Iglesias, ese que canta. Estoy intentando conseguirlo, aunque por otro lado hago todo porque no lo olvide.

Tomaré hoy una copa de miel en honor de ustedes. Volveré a saber qué dicen de mí, "que gano quince mil dólares por hora", que hay cien familias que viven de mí, como poco, que tengo "la mirada de terciopelo", y que en Holanda acaban de publicar que soy más famoso que el propio rey de España, en el mundo. No es verdad. Y si es así, es injusto. Pero son las frivolidades de la popularidad: ¡Cómo no va a gustarme esa portada compartida hace años en Italia con Simona Veil, la primera mujer de Europa, en el *Corriere de la Sera*, y en domingo! Me hace sonreír aquello que ha descubierto una guapa americana que acaba de irse un poco asombrada de lo que acaba de ver en esta casa de locos, que quiero y no sé cómo, convertir en un convento.

–Mire usted, señorita. Por mí no se ha vuelto loco más que mi compañía de discos.

Lo cual es verdad, y además me desmitifica. Todo el día estoy como el salmón luchando contra corriente, un poco asustado de lo que pasa a mi alrededor. "¿Le han dicho alguna vez que tiene usted un cuello bellísimo?", me grita esta carta que viene de Suecia, eso que no es fácil leer en sueco. Pero eso afirma. Voy corriendo a mirarme al espejo, o mejor: "Rubén, por favor, que me traigan el espejo redondo, el de mano, el de la mamá de Blancanieves."

–Espejito, espejito, ¿hay quien tenga el cuello más lindo que yo?

Diagnóstico médico

Hay unas marcas ya indelebles de los años. El tiempo no pasa en balde. Pero sigo huyendo de las enfermedades. No quiero el dolor. Mi barca ha pegado, la de mi vida, grandes bandazos. "Soy un hombre dejado, y recogido."

En un reconocimiento médico de hace poco, mi hígado estaba bien, y eso que el hígado es el corazón según los orientales. Mi cabeza, un poco cansada. Mi corazón en marcha. Mi estómago, a punto. No lo maltrato. ¿Mi alma? No me he confesado hace años. Lo hago con ustedes hoy, estos días, estos meses. En este libro. No para que me absuelvan o para que me condenen, sino para que me conozcan. Porque a veces me digo miles de cosas que ni yo mismo me creo. Necesito siempre saber quién soy, pero eso no, no quiero ese cigarrillo de marihuana...

–¿Que cuándo dormí con una mujer la última vez?

–Mañana.

Soy llorón. Lloro fácil. He contado que soy un profesional de la lágrima. Porque estoy en ese cruce de caminos del éxito. A veces soy un desgraciado total. Y deseo disfrutar de la vida sin una escafandra, no sólo viéndola a través de los cristales de mi casco de buzo. Sino dentro, dentro, dentro...

¿Cómo hacerlo? Ésta es una trampa fatal. ¿Por qué lo que digo hoy no lo pienso mañana? Creo que es una frase de Clark Gable. Un día le aseguré a Diego Bardon que fuera a verme, a entrevistarme, a acompañarme, que es lo que me gusta de los periodistas, que no vengan a llevarse unas palabras, a robarme unos pensamientos, sino que compartan mi vida conmigo, en la medida que puedan:

—Soy el cantante, dígaselo a los niños de quince años de España, soy el cantante que no te gusta hoy, pero que te va a gustar mañana, muchacho.

Y creo que es una buena definición. Es suficiente con eso para mí. Porque tampoco quiero todo. Nunca lo he querido. Hoy quieren vestirme de Gasby para no sé qué revista de la Costa Oeste. Bueno, aunque no me apetece mucho. El perro trae ahora un limón en la boca. Este mediodía comerá cangrejos de río, hermosos e insípidos. Suena el agua que cae del rincón japonés, que hay bajo el flamboyán. En casa hay dieciséis teléfonos, con dos números. Realmente todo esto debe cambiar inmediatamente. Yo sé que agoto a la gente, incluso a ustedes. El recorte de periódico que llega de Lima avisa:

"No son las canciones de Julio lo que enloquece, es Julio."

Veamos si lo ha firmado una mujer, eso es fundamental. En efecto: una mujer. Habrá que darle las gracias.

La realidad, sin embargo, es cruda. ¿Saben ustedes lo que es pagar a lo mejor cincuenta mil dólares de teléfono todos los meses?

Es lo mismo. Me da igual el dinero. Me alegra lo que publican en Lima. Y este dibujo de Lassaluy, en *Ici Paris*, en el que hay una televisión apagada, llena de marcas de señales de labios rojos de mujer y un hombre que pregunta, un hombre mayor a una mujer que ya no es una niña:

—No me vas a negar que hoy ha cantado Julio Iglesias, ¿verdad?

Langosta quiero ser

Divino mundo, bonito mundo éste. Debo ir a Madrid para grabar aunque sea a escondidas la matriz de mi próximo disco. Lo hago así siempre. Lo primero en Madrid, con mi gente, con mis queridos músicos españoles, y después, los seis meses del parto total, en Miami.

No creo demasiado en la reencarnación. ¿Y por qué diré que si vuelvo a vivir, en un animal, preferiría que fuera en una langosta?

Será una frase. Pero es más válida ésta: "Lo mejor de una mujer es que sea tuya."

Y es que se han dicho tantas cosas que parezco Confucio. Estoy lleno de pensamientos lapidarios. Aunque a veces la realidad más cruel me sumerge en el barro diario. Por ejemplo, un día estuve a punto de morir por el mordisco de una tortuga. Claro que también me puede matar un disgusto como éste:

"Si yo quisiera, destruiría a Julio Iglesias."

Y lo ha dicho Sidney Rome, ayer mismo. Perdón, pero voy a llamarte por teléfono, ahora mismo a Italia, Sidney. Es un desastre que tu teléfono comunique, que esté ocupado. Claro que allí son las siete horas. ¿Ocupado entonces, en la madrugada? Debe estar descolgado. Sabrá lo que ha dicho.

Menos mal que olvido fácilmente. Igual es verdad que soy eso que se llama una "bestia".

En *Galería de paranoicos*, Jimmy Giménez-Arnau me ha llamado entre otras cosas, cariñosamente espero, el "bárbaro", y el "fenómeno"; me ha bautizado "asombro de las alondras", y que "hundí la melodía en el ovario de las melancolías". También pronunció para mí una palabra clave en mi vida: "Médula", que como "nuca" me estremece todavía. También me llama marinero que busca en cada puerto un amor. Pero navego muy poco. Es más bien el puerto el que viene a mí. No tengo tiempo. Dicen que soy un cantante de la clase media. Bueno, y de la gente más modesta, y de la otra. Yo no canto para nadie especialmente. Canto para todo el mundo. Quiero a la gente a tope. Dice Adriana que todo esto es porque cuando canto "no molesto a los hombres y fascino a las mujeres". Lo acepto. No en vano nací a las dos de la tarde, mi madre es caribeña y me bautizaron en la calle Mesón de Paredes, en San Cayetano. Tenía que ser cantante, al sol, y gallo.

–¿El día que más lloré, ya cumplidos los treinta años...? Aquel en el hotel Sheraton de Argentina cuando decidimos separarnos Isabel y yo, por teléfono.

Ahora mismo noto que me estoy haciendo daño. Porque mi piel es como la lija, porque, a veces, digo:

–Julio, tocado.

No pude llamar a Marilin

Porque sigo siendo un niño. Un niño que tiene la voz chiquita, de los grandes cantantes. Hay días que me aburro como una ostra. Sé muy bien que no es normal que venda más discos que Bob Dylan, por ejemplo. Pero es así y sé que un estudio no se llena sólo con señoras menopáusicas, sino con gentes de todas las edades. La gente que me escucha en Francia, que me compra, tiene dieciocho años...

¿Quién estará conmigo este año que ya avanza, este diciembre, entre mi árbol de Navidad y mi Belén, y mis banderas, siempre, de España?

Es algo que no sé del todo. Sí que tengo que firmar hoy aún cien fotografías, porque es mi oficio, y porque en esa firma, que han estudiado tantos grafólogos, y en la que han encontrado romanticismo, triunfo, éxito, fortuna, perfeccionismo, inteligencia, amor e ilusión... ¡Hay alguien que espera!

Tantas cosas en sólo unos garabatos. Lo que sí sé es que mi vida hubiera sido más hermosa si en esa agenda roja donde guardo los nombres de mujer hubiera tenido aquella noche el teléfono de Marilin Monroe. Porque de haberlo conocido lo habría hecho sonar, y Marilin Monroe no habría muerto.

Claro que igual no tendríamos el mito.

Y yo escribo desde el mito. Con dos verdades finales. Nací un año antes de lo que digo, voy a cumplir, estoy cumpliendo, en septiembre, treinta y ocho años. Tampoco es para que los árabes y los judíos se reconcilien, ni para que Reagan llame por el teléfono rojo, inmediatamente por lo menos, a Breznef. Pero es un dato. Tampoco me importa demasiado. Aunque un año es un año, para mí un año son dos.

Y una última verdad: la última y la primera. Quizá no tenga tiempo de escribir ese otro libro de memorias desde la tranquila serenidad del hombre viejo que está de vuelta de todas las cosas. Tengo prisa por vivir lo más rápidamente posible, en un día, dos días. Quizá porque en el fondo sepa que puedo morir pronto.

JULIO IGLESIAS

Índice onomástico

Las cifras en cursiva remiten a las ilustraciones